本书获陕西省教育厅专项科研计划项目：健全陕西省技术创新的市场导向作用机制研究（19JK0316）；陕西省社会科学基金项目："互联网＋"视角下陕西特色农业商业化服务体系的路径设计与机制研究（2020D024）；西安财经大学科学研究扶持计划资助项目：健全西部地区技术创新的市场导向机制研究（18FCJH03）；2018年西安财经大学学术著作出版资助；西安财经大学科研启动基金资助

# 市场导向的多主体
# 协同创新绩效提升机制研究

SHICHANG DAOXIANG DE DUOZHUTI
XIETONG CHUANGXIN
JIXIAO TISHENG JIZHI YANJIU

李 斌／著

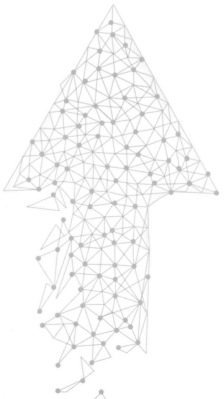

中国财经出版传媒集团
经济科学出版社
Economic Science Press

图书在版编目（CIP）数据

市场导向的多主体协同创新绩效提升机制研究/李
斌著 . -- 北京：经济科学出版社，2021.5
ISBN 978 - 7 - 5218 - 1953 - 3

Ⅰ.①市… Ⅱ.①李… Ⅲ.①技术革新–经济发展-
研究 Ⅳ.①F062.4

中国版本图书馆 CIP 数据核字（2020）第 190983 号

责任编辑：王柳松
责任校对：李 建
责任印制：范 艳 张佳裕

**市场导向的多主体协同创新绩效提升机制研究**
李 斌 著

经济科学出版社出版、发行 新华书店经销
社址：北京市海淀区阜成路甲 28 号 邮编：100142
总编部电话：010-88191217 发行部电话：010-88191522
网址：www. esp. com. cn
电子邮箱：esp@ esp. com. cn
天猫网店：经济科学出版社旗舰店
网址：http：//jjkxcbs. tmall. com
北京季蜂印刷有限公司印装
710×1000 16 开 12.75 印张 200000 字
2021 年 5 月第 1 版 2021 年 5 月第 1 次印刷
ISBN 978 - 7 - 5218 - 1953 - 3 定价：49.00 元
（图书出现印装问题，本社负责调换。电话：010 - 88191545）
（版权所有 侵权必究 打击盗版 举报热线：010 - 88191661
QQ：2242791300 营销中心电话：010 - 88191537
电子邮箱：dbts@ esp. com. cn）

# 前　言

随着创新型国家建设和科技体制改革的持续推进，构建创新主体职能对接、优势互补与资源整合的协同机制，健全外部市场导向和内部技术创新双向互动的作用路径，已成为提升国家创新竞争力的重要基础。面对创新成果转化动力不足、创新绩效水平有待提升等现实问题，单一创新主体技术能力和产学研合作的创新模式，已无法满足形成核心竞争优势与驱动经济增长的现实需要。同时，市场需求空间的调整和竞争强度的白热化，产生了技术创新模式从"主体合作"向"主体协同"战略转型的重大需求。如何结合需求层面的有效程度和作用深度，构建市场需求激励路径、多主体协同创新路径、资源优化配置路径，成为提升创新绩效的关键，也成为创新驱动发展理论研究的热点问题。

多主体协同创新路径是通过多元主体的优势集成、职能互补和资源共享，提升技术创新效率的重要模式，作用过程伴随主体职能的双边匹配、主体协同的系统作用、主体链接的网络效应，涉及多元化协同路径的有机联系与深度反馈。市场导向则是通过消费者、生产者和竞争者的三维驱动效应，形成外生创新激励。其中，消费者是反映市场需求的重要载体，竞争者体现市场机制的优胜劣汰效应，生产者是通过产业链实现职能协同的合作单元，三者共同作用诠释了市场导向的理论内涵。本书以市场导向和多主体协同创新为立足点，分阶段重点探讨了将两者有机结合、健全协同创新市场导向路径的作用机制。本书所提出的科学研究问题包括："市场导向下，创新主体协同的匹配性如何表达""创新主

1

体双边匹配后，作用主体职能之间如何动态对接""系统对接后，形成创新网络的扩散效率怎样描述"等。全书以多主体，协同创新由"点"成"线"、由"线"成"网"，实现协同创新的研究思路，对市场导向的多主体协同创新绩效提升机制展开动态分析，并将相关结论应用到国家级高新区这一多主体协同平台上，进一步论证并细化了市场导向对多主体协同创新效率的提升作用与成果转化能力的促进作用。

研究遵循"市场导向作用机理—多主体协同作用过程（双边匹配—系统对接—创新网络）—创新绩效提升"的分析逻辑，将全书分为三个篇章，具体内容做如下安排。

第一篇为绪论篇，包括第1章和第2章。结合创新驱动发展战略实施的重大需要与多主体协同创新绩效提升的现实困境，阐明全书的选题背景、选题意义。根据研究目的提炼全书的科学问题，细化研究框架。通过文献计量，对既有的研究成果进行系统总结，对市场导向、多主体协同等关键词进行概念梳理与概念界定，进而深入分析两者之间的作用关系和影响机理。通过相关的理论阐述形成全书的研究基础。

第二篇为机理篇，包括第3章至第6章。第3章重点探讨市场导向的多主体协同创新的作用机制。从用户需求、竞争驱动和职能协同三个维度，细化市场导向的理论内涵，结合多主体协同创新的动态过程，进行中观层面的理论拓展，重点探讨市场导向与多主体协同创新的作用机制与影响效应。第4章至第6章与多主体协同创新的不同层次相对应，分别就以"点对点"的双边匹配、以"面接面"的系统作用、以"网连网"的创新网络等协同过程，展开理论推演。第4章主要分析多主体协同创新的双边匹配过程中，市场导向作用路径的表达与描述。第5章重点研究多主体协同创新的系统动力学特征，结合市场导向的作用机理进行演化分析。第6章通过多主体协同创新的空间网络效应，为市场导向下多主体协同创新绩效的提升提供理论佐证。根据多主体协同行为形成的过程，利用双边匹配决策法分析主体之间的匹配优化过程，借助系统动力学对主体职能的无缝对接展开分析，通过复杂网络理论对多主体协同的创新扩散进行模拟仿真，深入分析不同协同阶段的作用机理。最后，通过"路径属性嵌入＋模型仿真"的数理分析，重点回答"市场导向如何通过提升创新主体双边匹配的满意度、创新主体职能对接的系统动力、多主体协同的网络扩散效率促进多主体协同的创新绩效"等问题。

第三篇为应用篇，包括第 7 章和第 8 章。本篇以第 4 章至第 6 章为基础，结合市场导向下多主体协同创新的作用机理，将双边匹配、系统对接和网络扩散的分析结论，引入国家级高新区这一多主体协同平台。第 7 章从实践应用层面，动态论证市场导向下多主体协同行为对创新成果转化和创新绩效的提升作用。第 8 章提出主要研究结论并就此提出相关政策建议，深化市场导向下多主体协同在现实层面的应用能力。

通过以上分析，全书主要结论有以下四点。

第一，市场导向在中观层面的理论拓展，与多主体协同具有显著的互动效应。用户需求通过强调价值匹配，形成多主体协同资源组合结构与技术创新过程的反向驱动。竞争驱动通过构建竞争优势与资源配置的双向反馈路径，在充分发挥示范作用和辐射作用的同时，优化创新资源配置效率。职能协同强调优势集成与资源互补，通过市场导向推动多元链接机制的延伸与对接。将竞争驱动和职能协同纳入多主体协同的研究框架中，较好地契合了协同创新竞争与合作的理论内涵。

第二，市场导向下多主体协同的双边匹配，与作用主体的满意度呈显著正相关关系。基于作用主体之间的协同关系，市场导向能促进资源协同的需求方和供给方之间的信息流动，实现匹配撮合的外部激励，强化主体职能双向匹配的目标导向，从而提升主体协同双边匹配的满意度，更深层次地推动"多主体合作"向"多主体协同"的有效转化。通过分析市场导向对多主体协同的双边匹配过程，发现协同创新过程具有信息显性化流动、双边满意度评价、提升匹配组合效力等作用优势，通过充分发挥多主体协同的自组织优化特性提升创新绩效。

第三，将市场导向嵌入多主体协同的系统过程，能大幅提升创新绩效的作用趋势。结合多主体协同的系统动力学特征，市场导向作用维度可以细化为市场需求对战略导向、技术应用与知识转移、创新收益合理化分配等多元反馈路径。通过分析表明,基于市场导向的反馈路径,能产生有利于主体协同优势发挥和资源互补的正向激励,能显著提升创新绩效。

第四,基于市场导向的多主体协同网络扩散行为,能通过内外部共同作用提升协同效率。多主体协同网络扩散行为是同质主体和异质主体通过多元链接机制的叠加和延伸,在更为宏观的层面上形成协同互动效应。多主体协同行为最显著的作用特征,是构建了资源流动与优势集成的作用通路,而市场导向能通过对主体创新收益的外生激励对主体协同关系进行结构调整。这既提升了市场环境对多主体协同过程的动态优化,又实现了多主体协同对外部市场的及时响应,从而促进整体网络创新绩效从低稳态向高稳态跃迁的自组织演化过程。

本书的主要创新点是,将市场导向理论在多主体协同的中观层面进行理论拓展,分阶段刻画了多主体协同的动态演化特征和自组织特性,并通过"路径属性嵌入 + 多主体协同作用"的研究视角展开分析。结合相关分析,提出了基于市场导向的多主体协同创新绩效提升的对策建议,主要包括完善职能深度对接的多主体协同创新模式、形成集成市场导向作用的多主体协同路径、构建有利于市场导向与多主体协同相结合的政策支撑体系、健全优化市场导向作用的技术创新管理体制。

# 目　录

## 第一篇　绪论篇

## 第二篇　机理篇

# 第三篇 应用篇

# 第一篇　绪论篇

# 第1章 市场导向的多主体协同创新概述

## 1.1 研究背景

世界经济论坛（World Economic Forum，WEF）的《2019年全球竞争力报告（GCI）》显示，中国创新竞争力排名位于世界第28位，[①] 已成为全球新兴经济体中最具竞争力的经济体。然而，面对技术竞争优势不明显、技术创新成果转化能力不足的难题，单一创新主体技术能力提升和产学研合作的技术创新模式，已无法满足构建核心竞争优势与促进经济增长的现实需要。同时，市场层面需求空间的调整和竞争强度的白热化，也强调技术创新模式从"多主体合作"向"多主体协同"转型的必要性。由此可见，加强多元主体协同的创新驱动作用，既是提出中国产业核心技术创新的新思路，也是充分发挥大学和科研机构服务产业和社会发展能力的关键（何郁冰，2013）。结合数字经济价值的作用过程，各种数据资源的整合与应用离不开不同主体协同创新的作用基础，宏观层面上表现为跨主体、跨领域的协同创新过程（郭明军等，2020）。因此，如何利用市场基于需求拉动的动力机制，促进多主体协同以提升技术创新绩效，已成为创新驱动实现可持续发展的热点研究问题。

---

[①] 全球竞争力报告（GCI-The Global Competitiveness Report），2019.

**需求一：多主体协同的有效性是提升技术创新能力的关键**

多主体协同是集成高校和科研院所、企业和政府部门等多元主体作用优势，构建的技术创新合作平台，是国家创新系统发挥作用的主要支撑。目前，中国的 30 个省（区市）① 多主体协同在技术效率层面仅有 26.7% 的省际阈值最优，纯技术效率最优占比仅为 36.7%，而 73.3% 的要素投入利用率低（仇冬芳和胡正平，2013）。科技创新与制度创新的"双轮驱动"作用，对全面促进创新驱动力提升的推动力不足，无法充分提供科学有效的决策支撑（刘思明等，2019）。就其问题所在，可总结为：（1）转化率低——中国技术创新知识成果形式丰富，但市场转换率较低，缺乏知识的集成、转移、扩散以及资本化（陈劲和阳银娟，2012）；（2）匹配性低——科学研究与产业需求匹配性低，市场需求的协同激励机制不足（Yelena，2014）；（3）管控性差——未能实现主体优势互补和资源优化配置，创新系统耦合强化管理能力与控制能力低（Chandran et al.，2014）。基于作用过程和合作策略的路径构建，促进技术创新价值与协同创新激励的动态对接，是提升多主体协同创新绩效的核心（Shanting et al.，2019）。

创新主体之间缺乏协调性、互补性、一致性，将造成主体协同不足；主体交互行为缺乏作用深度，将造成交互不充分。造成多主体协同效率较低的原因可总结为：（1）技术创新作用绩效的反馈导向缺失，造成多主体协同的自组织优化能力失效（Jade and Haiyang，2018）；（2）多主体协同过程涉及多主体在不同环节中的耦合，存在利益分配与努力合作程度的博弈性冲突，影响了创新资源在多主体协同创新过程中的有效配置（刘勇等，2015）；（3）缺乏市场作用与政府作用发挥的有效路径，未能实现宏观政策的内在逻辑与微观作用机制的统一，弱化了多主体协同的需求激励（李世超和蔺楠，2011）。由此可见，在创新驱动发展战略

---

① 中国的 30 个省（区市），未包含中国西藏自治区和中国港澳台地区，全书同。

推动中国经济转型的背景下，多主体协同过程更强调创新主体间深度协同的有效性和作用机制的系统性。

**需求二："多主体合作"向"多主体协同"转型的必然性**

多主体协同是国家创新系统发挥作用的主要组成部分。随着主体协同的不断深入，其发展趋势呈现出四个特点：（1）参与主体的组织规模变大，成员空间分布广，需要更为多元的主体成员参与，实现了"点"的合作向"面"的协同转化；（2）参与主体不再是单一的学科、封闭的组织，而是多学科融合、领域交叉的开放组织；（3）多主体协同创新的作用过程不仅需要考虑传统主体合作路径，而且，要涉及主体之间交互行为的协同性，这是实现创新驱动的重要基础；（4）多主体协同创新的作用过程，不仅是创新主体职能的静态协同，而且，根据现实需要和作用条件强调创新主体优势的动态协同和多元匹配。

2013 年 1 月，国务院印发的《"十二五"国家自主创新能力建设规划》提出，要建立高等院校和科研院所、企业与产业、区域经济有效协同的技术研发和成果转化机制。[①] 这一发展诉求，推动传统的"合作创新"向当前的"协同创新"转变。这一转变重点强调了中国多主体协同"1 + 1 + 1 > 3"的过程，从原来重"1"到现在重"+"的转变。多主体协同创新是通过模式与技术的有机对接，结合政府科技投入杠杆效应的充分发挥，构建高校与企业互动的产业技术研发平台，从而提升技术创新的吸收能力与转化能力。加强多主体协同，体现了科技经济一体化和知识经济的本质，代表了技术创新模式的转型方向。

**需求三：市场导向对多主体协同创新成果转化能力的重要性**

市场导向是指，以用户需求为基础，基于组织理解能力，进行部门资源的集成与整合，塑造核心竞争优势的企业行为（Saeed et al. , 2016）。多主体协同充分概括了中国现阶段创新驱动发展的战略目标，即在集成多

---

① 国务院."十二五"国家自主创新能力建设规划 ［EB/OL］. https：//www. gov. cn/govweb/gongbao/content/2013/content_2421026. htm.

元主体协同优势的基础上，提升成果转化能力的发展诉求。根据 2016 年科技统计报告，截至 2014 年，由高等学校、科研院所和企业作为国家科技计划承担主体的比例分别为 44.6%、26.2%、25.8%，其中，68.2% 的课题核心成果含有创新性技术，57.2% 的课题核心成果包括知识性成果，用户需求目标不明确、竞争驱动力表达不充分、职能协同程度不合理，这些都是多主体协同创新过程中市场导向难以发挥作用的主要原因。如何结合需求层面的有效程度和作用深度，探索绩效反馈导向作用路径、资源优化配置作用路径、市场需求激励作用路径，是发挥协同创新驱动能力的关键。

随着市场经济的确立、市场化水平渐趋成熟、统一开放竞争有序的市场体系逐步完善，市场决定创新资源配置具有必然性（杜斌和张治河，2016）。2015 年 11 月，《中共中央关于制定国民经济和社会发展第十三个五年规划的建议》强调要健全市场对资源配置的决定作用、市场环境对创新发展的培育作用以及市场体系对竞争有序的优化作用。[1] 市场导向强调基于客户需求和行业竞争信息的获取与整理，提高资源配置效率、环境波动影响和主体开放度对创新绩效产生正向调节作用（阳银娟和陈劲，2015）。将市场导向机制和多主体协同创新相联系，不仅改善了当前多主体协同过程中绩效反馈导向、资源配置调节、市场需求激励等相关作用的不充分，而且，较好地呼应了多主体协同创新在中国现阶段战略发展的基本趋势，优化知识链、技术链、价值链的动态反馈机制，实现多主体协同过程的自组织正向激励，能有效提升多主体协同创新的驱动能力。

面对市场需求与技术创新供给不匹配造成成果转化能力低、创新驱动力不足等重要问题，中国如何利用多主体协同的作用优势提升技术创

---

① 新华社. 中共中央关于制定国民经济和社会发展第十三个五年规划的建议 [EB/OL]. https：//www. gov. cn/xinwen/2015 – 11/03/content_5004093. htm. 2015.

新绩效，如何利用市场导向构建需求激励并实现创新资源优化配置，如何将市场导向与多主体协同过程动态结合，既是充分发挥市场对技术创新的外生拉动效应，实现供给侧与需求侧双协同的重要基础，也是促进多元链接机制实现深度对接，拓展创新理论从单主体合作到多主体协同实践应用的内在需要。因此，本书旨在以市场导向视角，刻画多主体协同的作用机制，试图解决创新成果转化能力低的难题，具有理论价值和实践指导意义。

## 1.2　研究目的与研究意义

### 1.2.1　研究目的

本书基于协同创新理论，以多主体协同行为为研究对象，分析了市场导向对多主体协同行为创新驱动力的激励作用，以期从理论层面拓展市场导向在中观层面的作用机理，解释多主体协同的动态形成过程，并将两者有机结合，探究市场导向对多主体协同创新绩效价值的提升，通过模拟仿真研究不同作用阶段市场导向对主体之间协同行为的影响机制。具体研究目的包括以下四部分。

（1）从动态视角对多主体协同形成过程的作用机理展开分析。多主体协同是通过不同作用阶段主体间协同链接机制的动态组合，逐渐形成的职能集成效应。本书通过多主体协同行为的作用特征，分阶段细化了多主体协同的作用机理，描述了主体职能从微观层面到中观层面的形成过程，为解释多主体协同的作用机理奠定了理论基础。

（2）从多主体协同的中观层面，对市场导向理论的概念内涵进行拓展。不同维度的市场导向在多主体协同行为形成的不同阶段，其激励作用也有所差异。本书通过阐述市场导向在用户需求、竞争驱动和职能协同等作用维度的概念内涵，剖析资源优化配置和外生驱动效应的作用机理，为市场导向外生驱动激励作用的发挥提供理论支撑。

（3）市场导向作用与多主体协同嵌入式结合，以创新绩效为落脚点，分析市场拉动效应对多主体协同作用过程的影响机理。从市场导向作用维度和多主体协同作用过程的二维空间出发，组合式分阶段分析市场导向是如何通过外生激励优化多主体协同的职能匹配、动态对接和创新扩散过程，为结合市场导向提升多主体协同创新绩效的政策制定提供理论依据。

（4）根据理论分析和模拟仿真，将市场导向对多主体协同的影响作用应用于多主体协同创新平台——国家级高新区，从实践的角度对形成市场导向外生激励的作用路径、优化创新资源配置和提升多主体协同行为的组织效率、促进创新成果转化能力、提升多主体协同创新绩效提供政策建议。

## 1.2.2 研究意义

本书将市场导向理论与多主体协同行为相结合，以期回答如何通过市场导向提升多主体协同创新绩效的问题，在理论层面、实践层面和研究分析层面具有以下三个层面的意义。

（1）理论层面：首先，回答了多主体协同行为的作用机理，即以点—线—面—网的协同链接构建过程，细化了多主体协同的理论体系和实践过程，为多主体协同的研究提供了较新的分析视角；其次，结合市场导向的作用维度刻画作用机理，实现这一概念从微观企业层面向中观多主体协同层面的扩展和深入；最后，率先将市场导向和多主体协同有机结合，分析了市场导向下多主体协同的作用路径、驱动能力以及影响机制。

（2）实践层面：结合当前中国的经济转型与发展诉求，对如何以市场导向为支点，以多主体协同为平台，提升创新驱动能力和技术成果转化能力具有重要的现实意义。将市场导向有机地嵌入多主体协同创新过程中，不仅能从目标导向、作用过程以及成果转化等层面提升创新驱动效率，而且，能激励市场信号优化多主体协同创新的自组织特性。这一双向反馈式的协同互动方式，具有一定的政策导向意义。研究成果所提出的多主体协同创新方式与创新途径、市场导向的作用路径，对创新驱动发展战略的实施、促进多主体深度合作、技术创新成果转化等都有一定的参考价值和借鉴意义。

（3）研究分析层面：将多主体协同的不同阶段与相关研究方法有机结合，利用双边匹配理论分析两两主体之间职能匹配的决策优化，通过系统动力学刻画多主体协同行为的系统对接，结合复杂网络理论描述多主体协同网络的创新扩散。根据多主体协同行为的不同阶段，将市场导向作用激励嵌入上述过程，实现市场导向对多主体协同行为影响作用的模拟仿真。

## 1.3 研究对象

在系统梳理国内外市场导向和多主体协同研究文献的基础上，本书总结归纳了市场导向和多主体协同在相互关系、作用机制等层面的发展现状和研究前沿，从动态演化视角，结合本书研究主题，重点分析市场导向对多主体协同的影响和激励。具体内容有以下三点。

第一，拓展并细化市场导向在中观层面的理论内涵和各维度的作用路径。

市场导向从消费者、竞争者和生产者三个层面，产生了市场对企业技术创新过程的激励作用。将市场导向理论的应用从企业单一主体向多主体协同进行迁移时，市场导向的作用维度在用户需求、竞争驱动和职能协同的内涵也需要向中观层面扩展，并且，这一内涵扩展还需要与多主体协同过程具有可兼容性。结合多主体协同，市场导向的作用维度可以扩展为：用户需求表现为市场需求信息与技术创新成果转化的匹配性，竞争驱动表现为竞争优势与资源配置效率的协同作用，职能协同表现为主体职能对接的激励作用。

第二，描述并刻画多主体协同创新的作用机制和动态演化趋势。

多主体协同创新是涉及多元主体有效互动的动态过程。要深入刻画多主体协同创新的作用机制，需要重点结合多主体协同行为的形成过程展开分析。即从创新主体选择合作的匹配性，到如何表达，再到作用主体职能之间如何实现系统对接，进而形成创新网络的动态扩散。多主体协同过程的阶段性特征，充分体现了创新主体间由点成线、由线成面、由面成网的动态协同过程。因此，本书遵循"匹配优化—动态对接—网络扩散—创新绩效"的逻辑思路，描述并刻画了多主体协同的作用机制和动态演化趋势。

第三，分析市场导向对多主体协同创新绩效的提升效应与影响。

市场导向对多主体协同创新绩效的提升效应，主要表现为市场导向的外生激励作用和主体协同过程的深度互动作用。结合上述研究目的，首先，阐明市场导向和多主体协同的关系，研究市场导向的不同作用维度对多主体协同过程的影响机制；其次，结合多主体协同行为的不同阶段，细化市场导向在不同主体协同过程中的表达方式，进而将两者有机结合，通过双边匹配、系统对接和网络扩散等层面的模拟仿真，量化分析市场导向对多主体协同创新绩效的提升效应与影响；最后，结合中国国家级高新区多主体协同平台的实践情况，将理论分析与现实问题相联系，实现本书的实践价值与政策支撑作用。

# 1.4　本书可能的贡献

## 1.4.1　研究视角选择的创新点

立足市场导向视角展开多主体协同行为对创新绩效的影响因素与作

用机制分析。

首先，关于市场导向的概念，从多主体协同的中观层面进行了概念推演与内涵延伸。市场导向是 20 世纪 90 年代从组织文化和行为主义视角提出的学术概念，是针对企业行为设计的调查量表和研究体系。在 2007～2009 年，市场导向在中国成为学术热点，研究内容集中于市场导向对企业技术创新能力的影响以及市场导向和企业技术创新类型之间的关系。在中国经济转型的新常态背景下，结合多主体协同创新过程，对市场导向不同作用维度的作用机理从微观层面向中观层面和宏观层面进行扩展。

其次，从形成的动态过程对多主体协同行为展开分析。多主体协同是通过不同职能作用的主体，实现优势互补与资源共享的深度合作过程。多主体协同的形成过程，都较为充分地体现了协同创新的概念内涵——合作和竞争。因此，刻画多主体协同行为，应选择协同过程对其作用机制进行动态刻画，即从动态角度分析协同主体点对点的双边匹配优化、协同主体间的系统动力学特性、协同主体创新网络中的扩散效率，从而通过深度合作实现多主体协同创新绩效的提升。

最后，从用户、竞争和协作的角度将市场导向作用与多主体协同行为有效结合。多主体协同在更深层次强调了主体协同互动和创新过程的系统性。将市场导向概念内涵的中观拓展和多主体协同创新的动态过程有机结合，较为系统地分析了市场导向对多主体协同创新绩效的反馈导向作用、资源优化配置作用以及市场需求激励作用的路径。

## 1.4.2　研究方法应用的创新点

多主体协同过程的研究方法较多，在研究方法的选择上，通过双边匹配、系统动力学、复杂网络分析法的有机结合，使研究方法分别与多主体协同过程形成的不同阶段相对应，实现了研究方法和研究主体的深度统一。双边匹配是通过合作价值矩阵进行匹配决策分析的研究方法；

系统动力学是结合多元主体内部要素和外部主体之间的作用路径、动态反馈进行动力学仿真的研究方法；复杂网络分析法是利用复杂网络模型通过对网络结构的动态演化及绩效度量进行作用机制分析的研究方法。

另外，在方法的使用上，均采用"路径嵌入 + 模拟仿真"的研究思路，即结合市场导向不同维度的作用机理，通过路径嵌入式动态仿真展开分析。利用双边匹配分析市场导向下多主体协同过程中主体之间两两匹配的作用过程，通过市场导向作用路径嵌入，刻画市场激励对主体之间合作价值矩阵从简单合作到动态匹配的优化作用；利用系统动力学分析市场导向下多主体协同过程中异质主体之间职能匹配的动态过程，通过率先构建多主体协同创新的动力机制模型，根据市场导向的经济学内涵，在多主体协同创新过程中刻画并嵌入相应的作用路径，进行模拟仿真和敏感性分析；利用复杂网络扩散理论分析市场导向下多主体协同过程中同质主体和异质主体间的创新扩散过程，通过刻画市场导向的择优机制，结合多主体协同创新的动态扩散过程，观察平均节点度与平均距离的变化趋势和演化过程。

## 1.5 全书体系概览

本书分为8章，结合市场导向的作用维度，详细论述了市场导向对多主体协同过程的激励效应与创新绩效的提升机制，具体内容安排有以下8章。

第1章，市场导向的多主体协同创新概述。本章的主要目的是，梳理既有研究，提炼本书的研究背景与研究意义，结合研究目的提出研究问题，细化研究内容。首先，通过文献计量和相关数据整理对研究背景展开分析，剖析了多主体协同创新绩效和成果转化等方面存在的问题，立足于现实需求论述研究意义；其次，结合文献梳理明晰对市场导向和多主体协同的中外文文献中既有相关理论与研究前沿，对关键词进行界定并细化研究思路；最后，根据研究目标整体说明本书结构和主要内容，介绍研究方法，简述本书可能的创新点与不足。

第2章，市场导向的多主体协同创新理论梳理。本章的主要目的是，结合研究主题对核心关键词进行理论界定，对相关理论进行阐述，为全书奠定理论基础。本章主要涉及三部分：市场导向的概念内涵、多主体协同作用机制、市场导向与多主体协同的关系及其对创新绩效的影响。在对以上关键词进行明确的界定后，结合本章内容回顾相关理论的核心思想，包括技术创新与经济增长理论、双边匹配理论、三螺旋与产学研合作理论、系统论与复杂网络理论等，结合相关理论的借鉴意义和研究需要进行延伸和拓展，在中观层面为市场导向对多主体协同创新绩效的提升提供理论支撑和实践指导。

第3章，市场导向的多主体协同创新作用机制分析。本章的主要目的是，在既有研究的理论基础上对相关理论加以延伸，具有承上启下的重要作用。首先，详述市场导向的作用维度，以及不同作用维度在多主体协同中观层面的作用路径，展开市场导向作用机理分析；其次，分析了多主体协同行为的形成过程，分阶段论述多主体协同过程的职能定位、作用过程及特征规律；最后，阐述市场导向和多主体协同的关系，以及市场导向对多主体协同创新绩效的影响，较为系统地将两者有机结合，创新性地提出以多主体协同行为形成过程为主线、以市场导向作用路径为辅线的研究思路。

第4章，市场导向的多主体协同创新双边匹配机制。本章的主要目的是，详细论证市场导向作用对两两主体之间职能匹配的影响机制。结合市场导向对多主体协同的影响，通过双边匹配对不同主体实现优化决策展开理论探讨。相关研究可分为两个阶段：第一阶段，结合市场导向进行主体关系的信息界定，根据多主体协同的作用过程确立主体间职能匹配的最优决策目标；第二阶段，根据主体价值合作矩阵分阶段进行匹配决策，从而进行最优匹配求解。然后，根据这两个阶段的理论求解，引入算例对两阶段双边匹配优化决策过程进行验证，从而描述多主体协同创新过程中作用主体点对点优化对接的匹配过程。

第5章，市场导向的多主体协同创新系统动力机制。本章的主要目的是，详细论证市场导向对不同职能主体之间形成系统回路的影响机制。首先，明确不同作用主体内部构成要素，以及在多主体协同过程中异质主体的主要职能和作用特征，通过不同职能主体系统组合的动态对接过程，从用户需求、竞争驱动和职能协同三个维度，刻画市场导向在多主体协同系统中的反馈路径，结合多主体协同创新和市场导向两个层面的因果关系构建系统动力学模型；其次，通过模拟仿真作用路径与反馈路径两个角度，从短期和长期分别刻画市场导向对多主体协同影响的系统动力特征和演化趋势。

第6章，市场导向的多主体协同创新网络扩散机制。本章的主要目的是，详细论证市场导向基于协同效应对多元同质主体和异质主体形成创新网络的影响机制。首先，确定多主体协同的创新网络模型（小世界网络），结合市场导向理论对网络扩散的择优机制进行描述。界定网络规模、网络主体属性、网络绩效度量，从空间结构和预期收益两个层面描述网络扩散演化机制；其次，利用复杂网络理论对创新扩散过程进行模拟仿真，创新网络平均节点度（主体协同度）、创新网络平均距离（主体协同密度），通过创新收益函数刻画市场导向下多主体协同过程中创新驱动的网络扩散过程。

第7章，市场导向下国家级高新区多主体协同创新绩效提升机制。本章主要结合市场导向作用机制，以及多主体协同行为从双边匹配、系统动力到网络扩散作用阶段的理论基础，从实践层面分析市场导向对国家级高新区多主体协同平台的影响和提升效应。首先，总结国家级高新区在多主体协同方面的发展现状与作用路径，进而量化用户需求的反馈导向、竞争驱动的资源优化配置、主体职能协同的市场激励；其次，通过两者的有机结合，深化市场导向理论与多主体协同理论在实践层面的应用。

第8章，主要研究结论、政策建议及研究展望。本章主要对本书的核心结论进行归纳，在此基础上，对基于市场导向的多主体协同行为实现创新驱动发展，通过多主体协同互动促进技术成果转化，为提升创新绩效提供对策建议，并总结本书存在的不足，进行研究展望。

本书技术路线，如图1-1所示。

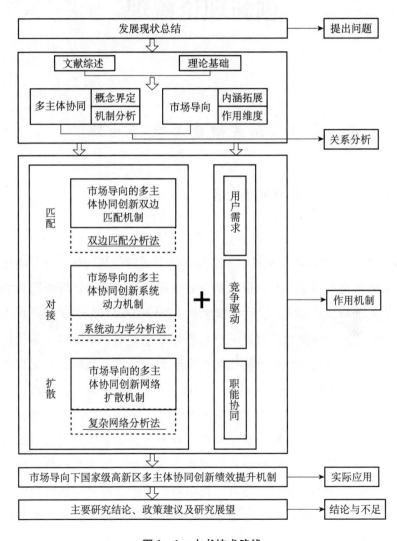

**图1-1　本书技术路线**

资料来源：笔者绘制。

# 第2章 市场导向的多主体协同创新理论梳理

## 2.1 相关概念界定与内涵

### 2.1.1 市场导向的概念界定

根据市场导向的基本概念,从市场层面看:程和亨利(Cheng and Henry,2013)将市场导向界定为市场主体形成的信息边界,为了满足目前及未来用户的需求,发挥资源整合的导向作用,通过管理协同和商务协同影响创新活动绩效。罗伯特和维米(Robert and Wim,2009)将市场导向的作用机理概括为:通过用户与外部竞争影响创新环境、通过技术复杂性影响创新效率、通过结构调整影响组织方式。戴维德、尼克和米歇尔(David,Nichole and Michael,2019)结合市场导向对企业行为的影响,认为市场导向是商业需求与企业经营在价值层面的映射关系,通过供应链驱动的复杂性,提升企业绩效市场导向的多主体协同创新双边匹配机制。在经济增长阶段要想充分发挥市场作用,需要在经济结构和增长动力方面匹配不同的机制条件。在市场经济中,通过市场规则保障公平竞争,市场价格提供的资源配置信号,市场竞争促进转型升级与优胜劣汰,同时,强化市场在资源配置中的决定作用(刘世锦,2014)。

市场导向的基本类型分为反应型市场导向和先动型市场导向。反应

型市场导向是顺应现有的市场需求空间，进行资源组织、开展技术创新
与生产活动，通过增加产品供给填充需求缺口，获得创新收益（Kumar,
Eli, Rajkumar and Robert, 2011）。先动型市场导向领先于竞争者开发和
引入创新型产品，使企业获得技术和行为的多种优势，占据较大市场份
额，并享受持续的竞争优势，因此，相较于反应型市场导向，先动型市
场导向的促进作用更为明显（张婧和赵紫锟，2011）。姚山季和付彩
（2020）的研究表明，市场导向与创新绩效之间存在中等程度的正相关关
系，且先动型市场导向与创新绩效之间的相关性强于反应型市场导向与
创新绩效之间的相关性。反应型市场导向和先动型市场导向对比分析，
如表 2 - 1 所示。

表 2 - 1　　　　　反应型市场导向和先动型市场导向对比分析

| | 反应型市场导向 | 先动型市场导向 |
|---|---|---|
| 用户需求 | 显性需求，更倾向于当前需求 | 潜在需求，更倾向于潜在需求和未来需求 |
| 学习和创新途径 | 开发：主要跟进主导企业知识和经验，并深度理解当前用户需求进行表达 | 探索：寻求多元化信息与知识与新兴的信息与知识，组织化企业行为以外的经验和收益因素 |
| 市场 | 已存在，且有待完善 | 潜在或未存在 |
| 产品创新与服务创新 | 渐进式创新 | 突破式创新或新兴式创新 |
| 用户满足路径 | 差异性比较、用户满意度和用户反馈 | 交互式比较、实验和领先用户概念 |
| 风险 | 风险低：试错风险低和未来信息的可预测性高、可靠性高 | 风险高：不确定性信息和存在市场竞争风险形成的无效度 |

资料来源：笔者根据 Malte Brettel, Monika Oswald and Tessa Flatten. Alignment of market orientation and innovation as a success factor：A five-country study ［J］. Technology Analysis & Strategic Management, 2012, 24（2）：151~165 总结整理而得。

　　结合市场导向的作用维度，科林和迪尼斯（Colin and Dennis, 2012）
指出，市场导向对多主体协同关系的影响机制有：用户需求能形成创新
服务增益；竞争者导向发挥协同关系建立的有效中介作用；职能协同则
能激发突破式创新能力。张婧和段艳玲（2011）进一步将市场导向详细
描述为，用户导向是结合目标顾客需求进行产品开发和服务；竞争者导
向是结合竞争对手动向，通过产品差异化提升竞争优势；职能协同是小
集体间通过沟通与配合协作来提升技术创新程度。由此可见，用户需求

强调了市场导向与服务创新、技术创新存在正相关关系，通过供求过程和技术能力实现多主体深度协同（Wang, Zhao and Voss, 2016）；竞争驱动通过市场决策，使资源配置和竞争优势驱动作用保持双向互动关系（Allred, Fawcett et al., 2011）；职能协同是通过内部要素的职能加总和外部主体的有效互动，形成与需求相匹配的持续竞争力，职能协同是内外部双向协同共同作用的结果（Smirnova et al., 2011）。李全升和苏秦（2019）结合市场导向的作用内涵，指出市场导向强调了面向客户的潜在需求，引导企业关注客户尚未表达的需求和竞争者的未来动态，实现生产主体的探索性资源开发活动。

技术创新与市场导向的关系在于：技术创新是以技术升级为主要激励，存在技术开发和资源利用的不确定性，而市场导向是以需求为中心的选择激励，能有效强化技术创新过程中动态演化轨迹的竞争机制与淘汰机制。通过市场导向的规范与协调，提升技术创新中的资源配置效率。因此，强调提升科技成果转化能力，就是要加强技术创新在市场环境中基于生命周期理论的孵化作用。市场导向在技术创新不同阶段的侧重也有所不同，表现为"需求激励—选择和竞争—优势反馈—技术推动—良性驱动"。生产要素在需求激励中实现配置，进一步结合技术产出在市场中的需求价值，优化用户选择并促进厂商竞争。通过充分发挥市场机制，一方面，厂商淘汰基于不确定性产生的非优势技术行为；另一方面，需求拉动得到市场充分肯定的技术成果。这一过程的实现，是充分发挥 D–S 需求—供给曲线有效移动后价格拉动的宏观表现，建立优势反馈并形成生产要素在技术创新轨迹中的路径依赖特征，推动技术升级，形成资源配置效率提升和技术创新有机转化的良性循环。但这一过程会因为市场需求的滞后性扼杀先动型市场导向的市场生存能力，所以，导致市场与技术生长曲线在阈值空间中存在差异性，从而对技术创新过程造成负面影响。市场导向与技术创新的作用关系，如图 2–1 所示。从技术创新层面，传统的市场导向机制主要表现为反应型市场导向，即技术创新过程根据市场需求进行反应和调整，具有渐进特征；而对于市场竞争激励与技术创新成长较为健全的作用系统，通过发掘潜在市场需求进行技术创新的显性化表达，从而对市场需求方向进行引领和带动，这一过程表现为先动型市场导向，即市场需求向技术创新趋近，具有突破特征。

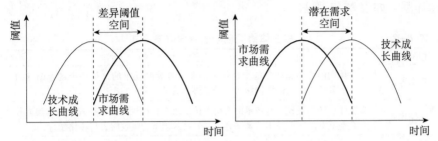

（a）技术创新与反应型市场导向的作用关系　（b）技术创新与先动型市场导向的作用关系

**图 2 - 1　技术创新与市场导向的作用关系**

资料来源：笔者根据对技术创新和市场导向作用关系的理解绘制而得。

## 2.1.2　多主体协同创新的概念界定

周凌云、穆东和李佳成（2010）指出，多主体协同是主体之间通过相互协调、相互干涉，形成具有复杂、动态、自组织特性的联合作用和集体行为的总称，基于功能、环节、信息、技术上产生的协同作用和合作效应，在宏观上和整体上逐渐形成特定的结构或功能。杰瑞米和法布瑞克斯（Jeremy and Fabrice，2011）将多主体协同定义为，通过构建主体间具有依存关系的共享资源流动通路，实现物质和空间网络特征的相互作用和交流，从而形成整体耦合。结合科技创新的作用过程，程跃（2019）指出，多主体协同表现为创新系统中或紧密或松散的主体关系，体现在系统环境影响和制约下，多主体通过交流和博弈形成的协同合力。

在多主体协同创新过程中，只有通过主体摆脱单向、单线的固定渠道，才能突破组织边界产生非线性互动的干扰效应，从多通道运行逐渐演化为子系统之间的横向关系扩展、母系统与子系统的垂直关系叠加，形成富生态性系统群（金杨华和潘建林，2014）。基于目标导向和主体职能的同步化，实现优势互补和职责匹配的资源有效配置（黄晓霞等，2015）。

军维、凯瑞和弗莱克（Junwei，Kairui and Frank，2017）将多主体协同定义为，富集主体禀赋优势的嵌入式集成效应。通过动态链接实现扩散控制的信息交互，构建同步效应和相干效应的叠加。多主体协同创新的概念体系，如表2-2所示。

表2-2                        多主体协同创新的概念体系

| 相关概念 | 主要描述 |
| --- | --- |
| 基本界定 | 多主体间的协同互动是基于合作关系和博弈策略发生的，是一个动态演化过程，为异质主体间的协同深入提供了协同基础 |
| 作用模式 | 多主体协同通过模式与技术的有机对接及政府科技投入的杠杆效应，构建高校与企业互动的产业技术研发平台，提升技术创新的吸收能力与转化能力 |
| 关系特征 | 多主体协同作用过程涉及多主体复杂知识流动的协同关系，具有整体性、流动性、开放性、动态性等特征 |
| 演进过程 | 多主体协同组织通过空间度、中心度、集成度实现资源共享与信息传播 |
| 职能导向 | 多主体协同过程可以视为异质性知识组织之间知识流动的过程，包括技术创新作用路径、知识转化能力以及市场效益实现的匹配性等 |

资料来源：笔者根据曹霞，刘国巍．资源配置导向下产学研合作创新网络协同演化路径［J］．系统管理学报，2015，24（5）：769-777；肖丁丁，朱桂龙．产学研合作创新效率及其影响因素的实证研究［J］．科研管理，2013，34（1）：12-18；菅利荣．国际典型的产学研协同创新机制研究［J］．高校教育管理，2012，6（5）：6-11，32；Chung-Jen Chen，Jing-Wen Huang. How organizational climate and structure affect knowledge management—The social interaction perspective［J］. International Journal of Information Management，2007，27（2）：104-118；涂振洲，顾新．基于知识流动的产学研协同创新过程研究［J］．科学学研究，2013，31（9）：1381-1390；Nola Hewitt-Dundas. The role of proximity in university-business cooperation for innovation［J］. The Journal of Technology Transfer，2013，38（2）：93-115等相关文献整理而得。

结合主体职能的协同导向作用（吴贵生、杨艳和朱恒源，2011）与互动关系（宋晶、陈菊红和孙永磊，2014）、协同创新绩效的测度（Elias，Evangelos and Yorgos，2016）与评价（Taisia，Daria and Irina，2014），多主体协同在关系特征上建立合作关系，主要表现为资源有效配置与多元动态反馈（Kuen-Hung，2009），这是多主体协同发挥创新驱动作用的基本前提与重要保障。资源有效配置是结合目标导向与投入—产出关系，将生产要素在作用主体间进行分配和流动的动态过程，资源配置方式不同，对作用平台的组织结构和主体激励的作用效果也存在差异（Babu et al.，2014）。吴洁等（2019）通过政府引导、高校牵头、企业参与的协同创新三方演化博弈模型，指出政府、高校和企业受彼此参与意愿的影响程度不同；政府不同的激励机制对高校和企业的影响存在差异；企业对惩罚力度和收益分配更加敏感。如何根据不同主体对创新效率的作用特征构建并优化资源配置路径，是促进多主体创新驱动效率提升的重要手段。结合产学研投入和产出的作用过程，金惠红、薛希鹏和雷文瑜（2015）指出，要素从组合到优势互补，通过外部推动到内部驱动的生态学原理，形成知识、人才、技术、资本的协同进化机制，其配置形式主要表现为知识创新、市场导向以及资本分配。

　　动态反馈是复杂社会经济系统的重要作用形式，相较于作用机制的正向传导，黄桂红和贾仁安（2008）指出，动态反馈更能体现系统根据作用效果进行动态调整以实现优化的自组织特性，通过多方协作整合竞争优势与核心技术，提升资源配置效率。李维、腾库和莉姆（Liew，Tengku and Lim，2013）指出，通过产出需求—反向激励的协同路径建立，能够有效弱化高校和产业因主体目标需求差异性而产生的合作壁垒。乔安娜和埃克斯勒（Joanna and Axele，2015）指出，创新主体内部合作与主体间知识流动、空间区域战略导向与产业平台创新能力具有多维协同特征。动态反馈的嵌入，更能提升系统内主体之间互动合作的优化机制与灵活性。胡冬梅和陈维政（2012）提出，多元组织具有结构重组以适应市场变化的动态能力，更强调脱离路径依赖的自主选择和资源集成。因此，知识创新主体的作用发挥，体现在多元合作网络的知识驱动与关系构建上，需要依赖产业合作主体的互动协同（Marques，Carac and Diz，2006）。

## 2.1.3　市场导向与多主体协同创新的相关性分析

　　市场导向是结合市场供求关系和变动趋势对技术创新行为的反馈调节作用，多主体协同创新是结合市场情况、资源条件、政策体系等外部环境，进行主体优势集成的创新过程。孙萍和张经纬（2013）的研究表明，在市场导向创新资源流动机制和政产学研用协同创新的成果转化机制之间建立联系，通过资源整合和创新激励，实现技术创新总体效益提升。结合市场导向行为对多主体协同创新的影响，古瑞斯滕（Grinstein，2007）指出，市场导向是根据成本与风险评估、需求空间与收益预期，形成满足用户需求的资源组织和主体合作行为，能够减少技术创新的不确定性，提升技术创新成果转化能力。将两者有机结合，市场导向对产品技术创新的提升效应为36%，对竞争优势的提升总效应为61%（廖勇海、刘益和贾兴平，2015）。

两者的相互关系表现为，库克和贝曼斯（Kok and Biemans，2009）基于组织学习框架指出，市场导向能够通过调整组织结构，改变管理途径、主体战略联盟及过程控制手段，对多主体技术创新过程产生激励作用，提升不同技术层次的创新效率。张和段（Zhang and Duan，2010）指出，市场导向对于主体协同的技术创新过程是反馈式导向作用和反应式导向作用的加总，反馈式导向作用是基于市场稳定和技术集成，反应式导向作用更侧重市场波动与技术突破。安古汀诺和菲利普（Agostino and Philip，2019）指出，商业化环境下的主体协同行为是由创新需求（市场拉动）作用维度和资源配置（合作拉动）作用维度共同决定的，实现了多主体协同创新和市场导向作用的统一。

市场导向对多主体协同创新的影响，可以通过市场层面和多主体协同层面展开分析。多主体协同创新的结构与市场导向作用的发挥息息相关，杜斌和李斌（2017）的研究表明，短期的动态网络结构、长期的静态网络结构，更有利于发挥顾客导向对协同创新绩效的驱动效应；短期的动态网络结构下的竞争者导向、长期的静态网络结构下的职能间协调，对协同创新绩效的驱动效应更显著。基于市场层面，主体间利益驱动的变化会通过网络拓扑结构的调整，影响合作行为的创新绩效（曹霞和张路蓬，2015）。因此，多主体协同创新对市场导向的反应，除了市场导向对预期形成的激励效应外，也体现在作用主体短期收益能力与长期收益能力及主体间的动态反馈过程（Yinghong and Kwaku，2009）。基于多主体协同层面，用户需求体现为价值传递、挖掘与满足引发的生产行为、学习过程及信息集成（Hanny et al.，2011）；竞争驱动体现为主体创新能力对于市场活动的信息接收与反馈速度（Ozkaya et al.，2015）；职能协同体现在主体优势互补、资源集成及协同关系的动态调整过程中（Henry，2011），后两者也是协同网络转移机制的主要形式。

## 2.2　理论基础

### 2.2.1　技术创新与经济增长理论

技术创新是经济增长的主要根源，亚当·斯密（Adam Smith，1776）在《国民财富的性质和原因的研究》（*An Inquiry into the Nature and Causes of the Wealth of Nations*）一书中强调了专业化知识对经济增长的贡献，首次把工人技能的增强视为经济进步和经济福利增长的基本源泉。新经济增长理论的兴起进一步推动了经济内生化的过程，主要阐述了专业化知识、技术和人力资本在经济增长过程中的测度问题，并强调了内生知识和内生技术的重要性。[1] 但在宏观意义上将技术创新作为经济增长要素分析时，其测度过程需要注意三点：一是技术创新对于国民经济的贡献，并不是一个个叠加实现的；二是技术创新只有通过渐进的扩散过程才能充分发挥其潜力作用；三是在不同时点、不同国家的技术创新会在同一时点对同一国家的经济增长产生贡献。[2]

在哈罗德—多马（Harrod-Domar）模型中，从有效需求理论出发，构建经济增长模型。

$$G = S/C \qquad\qquad (2-1)$$

在式（2-1）中，G 表示单位时间的经济增长率；S 表示收入中储蓄

---

① 谭崇台．发展经济学 ［M］．太原：山西经济出版社，2001．
② 柳卸林．技术创新经济学 ［M］．北京：清华大学出版社，2014．

的比例，C 表示单位时间内的资本增量除以同一单位时间内的货物增量，也称资本产出比，哈罗德据此定义以下三种增长率：

①实际增长率 G = S/C，实际发生的 S、C 决定 G。

②有保证的增长率 $G_w = S_d/C_r$，是人们合意的储蓄率恰好等于实际发生的 S、实际发生的 C 恰好是人们理想预期的 C 的情况。

③自然增长率 $G_N = S_o/C_r$，$S_o$ 是社会最佳储蓄率，是由技术进步和劳动力增长率决定的。经济增长稳定的条件是，以上三种增长率恰好相等。[①]

在索洛模型中，索洛（Solow）将技术进步定义为，生产函数任意一种形式移动的简称，经济的加速和减速、劳动力教育质量的改进、各种各样的移动生产函数的因素，都可以归入技术进步中。通过增长因素分析法，实现了技术进步的测度。

考虑到生产函数 Y (t) = F (K (t)，A (t)，L (t))，意味着：

$$\dot{Y}(t) = \frac{\partial Y(t)}{\partial K(t)}\dot{K}(t) + \frac{\partial Y(t)}{\partial L(t)}\dot{L}(t) + \frac{\partial Y(t)}{\partial A(t)}\dot{A}(t) \qquad (2-2)$$

再对两边同时除以 Y (t) 并通过改写后可得：

$$\frac{\dot{Y}(t)}{Y(t)} = \frac{K(t)}{Y(t)}\frac{\partial Y(t)}{\partial K(t)}\frac{\dot{K}(t)}{K(t)} + \frac{L(t)}{Y(t)}\frac{\partial Y(t)}{\partial L(t)}\frac{\dot{L}(t)}{L(t)} + \frac{A(t)}{Y(t)}\frac{\partial Y(t)}{\partial A(t)}\frac{\dot{A}(t)}{A(t)}$$
$$(2-3)$$

$$\frac{\dot{Y}(t)}{Y(t)} \equiv \alpha_K(t)\frac{\dot{K}(t)}{K(t)} + \alpha_L(t)\frac{\dot{L}(t)}{L(t)} + \alpha_A(t)\frac{\dot{A}(t)}{A(t)} \qquad (2-4)$$

式（2-4）的第一项代表资本增长率，第二项代表劳动增长率，其中，$\alpha_K$ (t) 是资本投入的产出弹性，$\alpha_L$ (t) 是劳动投入的产出弹性。$\alpha_A$ (t) 被称作索洛残值，有时被解释为对技术贡献的度量。

在新古典增长理论中，罗默（Romer）将增长建立在内生技术进步上

① ［美］戴维·罗默. 高级宏观经济学［M］. 王根蓓，译. 上海：上海财经大学出版社，2003.

提出了内生增长理论，索洛模型与内生增长模型，见图 2 - 2。在内生增长模型中包含资本、劳动，并假定技术是资本投资的副产品，即技术与总体经济中每个工人的资本水平成正比，生产函数可写成：

$$Y = F(K,AN) \qquad (2-5)$$

通过产出与资本以同样速率增长，然后，计算增长率。

$$y/k = F(K,AN)/K = F(K/K,AN/K) = F(1,a) \equiv a \qquad (2-6)$$

$$\Delta y/y = \Delta k/k = sy/k - (n+d) = sa - (n+d) \qquad (2-7)$$

得到人均 GDP 的增长率为 sa - （n + d），可见，新知识（新发明、新创造）只是部分被创造者所攫取，因此，新知识（新发明、新创造）具有较大的外部正向性，即一般的人力资本投资和具体的研究与开发，是经济长期增长的关键。

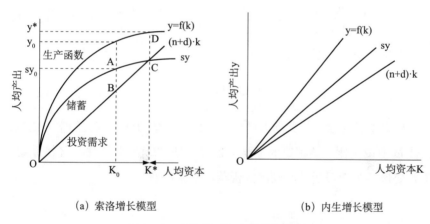

（a）索洛增长模型　　　　　　　　　（b）内生增长模型

**图 2 - 2　索洛模型与内生增长模型**

注：$y^*$ 表示稳态时的人均产出，$k^*$ 表示稳态时的人均资本。

资料来源：笔者参照多恩布什·费希尔·斯塔兹. 宏观经济学 ［M］. 范家骧，等译. 北京：人民大学出版社，2000：59 - 66 中内生增长模型的相关内容绘制而得。

阿罗（Arrow）的"干中学"理论认为，技术进步可以看作人们不断从环境中学习的结果，因此，一个经济体的知识量取决于过去的经验，而生产技术的提高，则主要是生产经验积累的结果。通过假设技术进步全部体现在新资本设备上，且属于纯粹的劳动增进型，技术进步只能是资本部门的经济积累和新设备工作效率提高的产物。生产函数可以写成：

$$Y = AK^{\alpha}[B(t)L]^{1-\alpha} \qquad (2-8)$$

在式（2-8）中，B（t）是劳动生产率，是积累性总投资的增函数，因此，存在：

$$B(t) = B[K(t)]，其中，B > 0 \qquad (2-9)$$

通过式（2-9），便可以得到：

$$\frac{\dot{Y}}{Y} = \alpha\frac{\dot{K}}{K} + (1-\alpha)\lambda + (1-\alpha)\frac{\dot{b}}{b} = \alpha\frac{\dot{K}}{K} + (1-\alpha)\lambda + (1-\alpha)\frac{KB(K)}{B(K)}\frac{\dot{K}}{K}$$

$$(2-10)$$

当稳定增长时，必有 $\dfrac{\dot{Y}}{Y} = \dfrac{\dot{K}}{K} = G$（常数），从而可以得到：

$$\frac{KB(K)}{B(K)}\frac{\dot{K}}{K} = \frac{(1-\alpha)G - (1-\alpha)\lambda}{(1-\alpha)G} = \frac{G-\lambda}{G} = M \qquad (2-11)$$

人均国民总产值增长速度 g 是：

$$g = \frac{\dot{y}}{y} = \frac{\dot{Y}}{Y} - \lambda = G - \lambda = \frac{M}{1-M}\lambda \qquad (2-12)$$

稳定增长速度 g 与劳动力增加成正比，与学习能力相关的学习函数的弹性 m 值成正比。该理论的主要贡献为，把"干中学"作为经济系统的重要变量，为学习活动的经济分析奠定了基础。

### 2.2.2　三螺旋理论

2000 年，亨利·埃茨科维兹（Henry Etzkowitz）在三螺旋（triple helix）理论中，将产业作为进行生产的载体；将政府作为契约关系的来源，目的是保持稳定的相互作用和交换；大学则作为新知识、新技术的来源，是知识经济的生产力要素。当产业—政府—大学这三个机构范围都发挥其机构范围的作用并保留独特身份时，每个机构的功能都会被放大（Henry et al.，2000）。三螺旋形成的系统集成过程，见图 2-3，螺旋主体之间的集成能力是通过组合空间形态实现的，三螺旋空间结构具有信息高位与信息低位流动的稳固性，系统信息组态的传输部分，依赖于系统内信息流动强度和变量协同效率（Henry and Mariza，2005）。

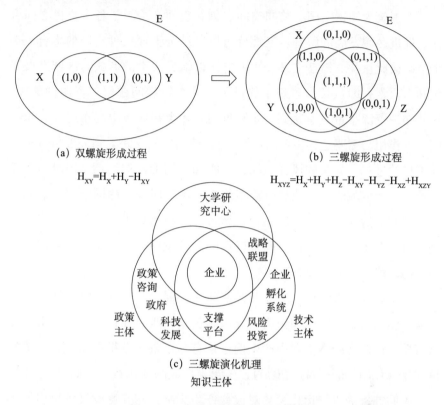

（a）双螺旋形成过程

$$H_{XY}=H_X+H_Y-H_{XY}$$

（b）三螺旋形成过程

$$H_{XYZ}=H_X+H_Y+H_Z-H_{XY}-H_{YZ}-H_{XZ}+H_{XZY}$$

（c）三螺旋演化机理

**图 2 - 3　三螺旋形成的系统集成过程**

资料来源：笔者参照 Eustache Mêgnigbêto. Efficiency，unused capacity and transmission power as indicators of the Triple Helix of university-industry-government relationships［J］. Journal of Informetrics，2014，8（1）：284 - 294 等相关内容，结合理解绘制而得。

在三螺旋理论中，大学的职能，一方面，体现为创业活动，即教学活动和科研活动的延伸；另一方面，结合技术、人力资本、知识形成了正式的技术转移能力。政府的职能转变则表现在五个层面：形成具有稳定性的私人法权部门、与税收体系结合的利益激励制度、经济活动支撑规则、专利特权保护以及在线创新模式。三螺旋定义的公司是大学研究群体的扩展，以知识为基础的公司吸纳了大学和政府的要素，是一种新型产业组织，由此可见，三螺旋作用体系的形成是通过主体作用有机延伸和互动的，在技术与商业两种观念之间的横向交互，也是创新的关键。①

三螺旋为知识空间、趋同空间和创新空间，给予了各个角色之间合作、促进区域发展的解释。三螺旋可以归结为上面三种空间的集合，三个空间彼此重叠、相互交叉。知识空间以临界质量的形式为区域发展提供知识要素，即从技术思想中促进关于某个特殊问题研究资源的集中，这些知识资源总量只有达到一定程度时，才会在区域中起作用（知识空间发挥作用，需要达到一定的临界值）。趋同空间反映了相关参与者在一起工作的过程，如头脑风暴、问题分析和计划形成等活动。当参与者反复论证、形成战略并与战略资源组织在一起的时候，趋同空间就达到了知识空间的潜在转移与功能实现。创新空间则侧重于组织创新与组织改进，目的在于填补在趋同空间被确认的区域发展缺口，实现在趋同空间拟定的战略（Henry，2003）。

三螺旋强调以知识、市场和政府作为协同极点，形成基于知识经济发展的驱动模式，即以知识为主导引领创新，激发知识资本化的潜在经济特质，以此在网络空间中产生确定信息与不确定预期的重叠，形成制度安排（Henry and Loet，2000），三螺旋形成的演化特性，如图2-4所示。不同螺旋的机制运作，会对彼此产生影响，相互影响又可以引发不同螺旋的相应调整，不同螺旋原有维度的保留部分可以作为协同变化评价的重要依据，从而包含经济增长能力、创新能力和规范控制能力的三维演化动态空间（Loet and Martin，2006）。随着三螺旋理论的演进，外部环境在具有不确定性的创新行为活动中越来越重要，即目标导向的创新政策设计能提升创新绩效和公开研发投资能力，直接引导市场产品创新（Irena，2015）。后来，出现了不同创新理论相互嫁接，如将三螺旋创新理论与开放式创新理论结合，证明能产生全球化范围的技术强度与创新

① ［美］亨利·埃茨科威兹. 三螺旋——大学、产业、政府三元一体的创新战略［M］. 周春彦，译. 北京：东方出版社，2005.

28

转化能力（Oskar and Nuria, 2015）。基于外部环境的供给和需求对技术能力的影响，对三螺旋模式实现产品创新、流程创新和服务形式创新具有重要意义（Alexander, Daniele and Loet, 2016）。

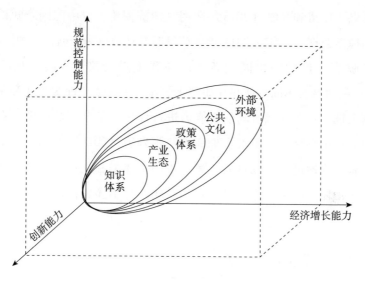

**图 2 – 4　三螺旋形成的演化特性**

资料来源：笔者参照 [美] 亨利·埃茨科威兹. 三螺旋——大学、产业、政府三元一体的创新战略 [M]. 周春彦，译. 北京：东方出版社，2005：8 – 11, 34 – 55 的相关内容绘制而得。

关于三螺旋理论在多主体协同层面的应用，穆勒（Mueller, 2006）的研究表明，伴随生产、识别和利用的知识商业化过程，结合产业已有知识与吸收能力构建主体间知识流动的传输通道。瑞贝卡、达姆吉安和彼得（Rebeka, Damjan and Peter, 2009）指出，三螺旋创新模型的作用主体，具有结合相似互补性和基于信息交互的嵌入性特征；派德罗、伊莎贝尔和维克多（Pedro, Isabel and Vítor, 2013）的实证研究表明，知识创新密度、技术转移与知识转移、创新模式，均与主体协同度存在高度相关性。玛瑞贝尔和戴维德（Maribel and David, 2016）的研究指出，三螺旋协作模式具有与经济效益相适应的外溢效应，能够通过创新链接产生与传统创新企业相区别的高增长创业生态系统。中文文献对于三螺旋理论的研究应用主要集中在政产学研合作模式（陈红喜，2009）、创业型知识主体的组织转型（张卫国，2010）、政府研发投入对技术转移的影响（饶凯和孟宪飞，2012）等方面。柳岸（2011）利用三螺旋"大学—产业—政府"的合作模式，分析了知识经济时代中科院科技成果转化中的做法及效果。庄涛和吴洪（2013）运用三螺旋理论，以中国国家知识产权局专利检索数据库2002～2011年申请发明专利数据为依据，对中国高校、企业和政府在产学研协同创新中的关联度进行测定。康健和胡祖光（2014）利用具有不同特征并互动演化的亚类——生产性服务业和制造业的创新三螺旋，对区域协同创新能力进行评价。结合三螺旋理论在实践过程中的理论拓展，吴卫红、陈高翔和张爱美（2018）指出，多个主体之间是有交集地进行协同创新，除了不同主体的独立创新以外，还有两主体、三主体、四主体等螺旋形式，以此诠释了多主体协同创新的三螺旋模式。

## 2.2.3 双边匹配理论

1962年，盖拉和沙泊雷（Glae and Shapley）在《大学录取及婚姻的稳定性》（*College admissions and the stability of marriage*）一文中首次提出了无货币双边匹配理论研究，作为古典双边匹配理论，其主要应用于研究配偶选择、医院与实习生、同屋伙伴选择以及入学学生与学校之间的双边问题，其核心思想是通过双边匹配实现匹配双方的福利最优。沙泊雷和舒比克（Shapley and Shubik，1972）与克莱索和克洛弗德（Kelso and Crawford，1982）通过将双边匹配理论应用于货币支付问题，实现双边匹配决策与竞争性均衡等经济学理论的交叉结合。以哈特福尔德和密古伽姆（Hatfield and Milgrom，2005）为代表的合同匹配理论，构建无货币和包含货币因素的双边匹配决策过程，形成统一研究框架。[①] 而目前，双边匹配理论在经济学领域的应用，主要集中在相似性偏好、技术进步、

① 张卫东，黄春华. 双边匹配理论及其应用研究新进展——对诺贝尔经济学奖获奖成就的进一步阐发［J］. 经济学动态，2015（6）：137–147.

政策体系、信息传递的动态特征等方面的市场均衡问题。基于偏好信息的动态双边匹配描述，能依据广义优序法将双边主体的偏好信息转化为满意度（赵晓冬、臧誉琪和骆严严，2018）。沈丽和石彦（2013）指出，双边匹配能优化风险投资家和创业者的利益分配，实现企业并购能力与资源匹配，规避银行贷款客户的违约风险。俄德洛（Eduardo，2014）利用双边匹配理论分析了不完美竞争的均衡问题，对比了工资策略在均衡状态下的激励作用。麦克和埃米利奥（Marco and Emilio，2015）研究了供给侧和需求侧的技术政策，指出当控制技术政策与其他政策相互作用时能实现政策效力最优。双边匹配的决策机制，如图 2 - 5 所示。

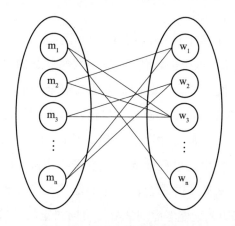

**图 2 - 5　双边匹配的决策机制**

资料来源：笔者参照陈希，樊治平. 双边匹配决策的研究现状与展望［J］. 管理评论，2012（1）：169 - 176 的相关内容绘制而得。

双边匹配（Two-Side Matching）决策是指，在决策过程中，需要充分考虑各方匹配主体的满意需求，基于双方满意度偏好选择集合及外界撮合机制的共同作用，尽量使双方主体间形成稳定的匹配对，使双方主体都达到满意的结果。要实现双边匹配的最优决策，要根据双方的决策空间，测算满意度集合矩阵，进而通过最优化计算得到最优均衡的稳定匹配结果，双边匹配过程中需要分别考虑每一方的满意度偏好，才能实现稳定的匹配结果。可以概括为三个具体过程：（1）构建双方主体要素的构成集合，设一方主体为 M = $\{m_1, m_2, m_3, \cdots, m_n,\}$，另一方主体为 W = $\{w_1, w_2, w_3, \cdots, w_n,\}$，其中，$m_i$ 和 $w_j$ 都表示双方的内部个体；（2）根据主体偏好信息形成满意度组合矩阵，个体 $m_i$ 对集合 W 中的个体具有满意度偏好信息，个体 $w_j$ 对集合 M 中的个体也具有满意度偏好信息，找到合适的匹配结果 U = $\{(m_1, w_{P1}), (m_2, w_{P2}), (m_3, w_{P3}), \cdots, (m_n, w_{Pk})\}$，其中，$\{p_1, p_2, p_3, \cdots, p_k\}$ 为 1 – k 的自然数排列；（3）通过计算得出双边匹配的最优策略，根据不同匹配主体之间的有向权值表示双方的满意度，匹配的目的在于通过节点之间的满意度组合关系实现权值最大，从而将稳定匹配关系转化成最大化线性目标函数规划问题（陈希，2010）。

双边匹配理论在多主体协同层面的应用主要有，孙利辉和崔文田（2004）的研究表明，结合创新联盟动态和外部特征的"一对一"动态匹配模型，优化三方博弈的合作效用，形成具有全局最优的稳定创新联盟结构。贾璐等（2011）指出，通过多目标双边匹配优化模型，实现知识供需双方满意度及知识服务中介利益最大化的目标。张裕稳等（2015）证明，通过双边匹配决策过程能优化产学研合作伙伴的选择效率，通过建立合作主体匹配矩阵，寻求合作伙伴的最佳匹配方案。任磊和任明仑（2018）指出，双边匹配能考虑到学习与协同效应的关联性，促进通过社会关系的资源传递、信息交互共享，实现任务、服务满意度、服务间协同满意度最大化的多目标双边匹配。双边匹配理论较好地契合了多主体协同行为，作用主体两两之间在外部激励与内部需求共同作用下，实现职能匹配最优化决策的过程。

双边匹配理论的发展趋势可以概括为两个方面。一方面，通过不同设定方式的匹配权值类型，测算不同的满意度最优决策。例如，基数匹配是以匹配数组量最大为目标形成的匹配策略，是以个体权值总和最优化为目标的决策过程，稳定匹配是每一方满意度都能实现最大化的稳定均衡策略；另一方面，不同形态下的匹配问题研究，即静态匹配问题和动态匹配问题。静态匹配强调了作用主体的决策偏好不存在信息扰动，具有保持不变状态的双边匹配过程，动态匹配则嵌入了决策偏好的信息扰动，具有一定随机特征和不确定性的双边匹配过程（陈希和樊治平，2012）。

# 本章小结

本章为后面章节的内容展开提供了理论基础。首先，对核心概念进行界定，通过理论梳理与文献计量对市场导向、多主体协同创新及两者之间的关系进行了较为系统的诠释，其中，多主体协同创新的行为过程和市场导向的作用维度，奠定了本书的分析框架；其次，结合本书的研究主题与研究方法，对创新驱动理论、三螺旋理论、双边匹配理论、协同论与系统论及复杂网络理论进行了简要回顾，并结合研究前沿阐述了相关理论对本书的借鉴价值，为分阶段分析多主体协同创新行为和市场导向作用激励的嵌入提供了理论支撑。

# 第二篇　机理篇

# 第3章 市场导向的多主体协同创新作用机制分析

## 3.1 市场导向的作用机制

市场是技术创新成果转化的重要平台，市场出清不但能客观反映显性价值和隐性价值的需求空间，而且，是资源优化配置、创新模式调整及组织结构形成的主要依据，因此，市场导向作用是形成持续竞争优势的重要基础。市场导向作用并不能直接参与技术创新过程，而是从用户、竞争者和生产者三个层面形成外部环境驱动力，通过反馈作用分阶段对技术创新活动进行影响和调整，因此，市场导向作用具有动态性、协同性和双向互动性等特征。按照组织文化视角，市场导向的核心概念由用户需求、竞争驱动和职能协同三个主体部分以及强调创新绩效与长效机制两个维度构成。

用户需求的作用维度作为市场导向的核心内容，强调了从价值需求角度，为消费者创造完整的价值链，消费者的价值需求不仅包括当前的市场需要，而且，包括随着时间不断更新的动态需求。通过市场供需情况反映消费价值的基本情况，产生跨组织的信息集成、共享与激励，提升市场运行效率。从生产者角度对价值链进行把握，可以将上游目标市场向下游产品需求延伸，从而实现市场导向对消费信息的深度识别。用户需求导向作用也要求在生产环节中与用户进行互动，结合用户对价值需求的理解和反馈，有助于生产者从消费前和消费后构建技术创新的驱动路径。

竞争驱动的作用维度在于以市场导向为基础，实现创新资源配置过程与市场需求的双边匹配，从而实现价值创造与经济效益相对应的技术创新作用回路。要提升市场价值的作用绩效，生产者不仅要关注消费群体，而且，同质竞争驱动也是充分发挥市场导向作用的关键因素。竞争驱动的作用维度是指，收集竞争者的相关信息。例如，市场对竞争者核心技术的反馈，有利于明确生产者研发投入的方向；竞争者对目标消费群体价值需求的满足情况，有利于规避竞争威胁并寻求潜在空间；竞争者长期与短期的优势分析与劣势分析，有利于及时应对行业冲击并提升生产者的竞争能力等，实现差异化产品战略部署和技术突破，构建生产过程的核心优势。生产者之间的竞争博弈也有利于通过市场竞争威胁，加速和推动行业对消费价值创造和需求满足的潜在驱动过程，提升行业的创新绩效。

职能协同的作用维度既反映了生产过程对消费者价值创造的整体性，即通过不同部门单元之间的协作与职能互补，满足市场需求空间，同时，也帮助生产者通过内在不同职能实现过程改善，为提升市场竞争能力提供基础。职能协同要求每个部门、各个环节、相关参与者都必须成为对价值创造过程深度理解的组织单元，通过结构集成和链接机制进行价值创造，形成主体核心竞争优势。职能协同的水平结构分布能够提升生产者对市场价值需求变动调整的即时性和灵活性，职能跃迁和模块化生产过程能形成生产过程内部部门的多元反馈，可以避免各个环节之间的冲突和限制，确保不同生产环节的有效衔接，提高市场价值的创造效率。

以上三个作用维度并不是单独发生作用的，彼此之间的联系与互动形成市场导向的整体作用能力。从不同市场参与者层面看，用户需求侧重消费者价值需求信息、竞争驱动侧重竞争者竞争优势、职能协同侧重生产者价值创造过程。从不同维度联系层面看，用户信息的有效识别，有助于生产者内部生产环节之间的职能集成与互动，提升主体竞争优势；竞争驱动中竞争者的核心技术、优劣等情况，也是对不同层面用户需求的诠释。通过竞争威胁和市场环境，对生产者内部的职能协同产生驱动效应；职能协同是将用户需求信息进行内部消化后进行生产环节的组织，也是形成核心竞争优势的基本保障。从宏观层面看，用户信息的集成和挖掘代表了产业发展方向，竞争驱动通过淘汰机制促进产业技术升级与优化，职能协同促进技术生产过程的规范化与一体化。用户需求、竞争驱动和职能协同三个作用维度共同作用，形成市场导向并发挥对价值创造过程的推动作用。

### 3.1.1　用户需求的作用机制分析

用户需求是指，通过市场导向根据现有市场供需情况，对当前与未来需求空间和偏好集合产生的影响作用。用户需求是市场对产品需求空间的客观描述，用户需求集合与技术创新价值集合的重叠情况反映了市场导向信息识别的有效性。对于当前用户需求信号的有效识别，不但是实现技术创新、满足市场需求的重要基础，而且，是创造并挖掘可持续用户价值的先决条件，与技术创新作用绩效直接相关，因此，可以通过创新绩效在需求信息识别后的提升比率，刻画和衡量用户需求的提升效率。用户需求信号的有效识别，可以将产品供给空间和需求空间进行协同匹配，提升技术创新的成果转化能力，也可以明确资源组织和资源配给的方向，建立与市场需求同步的技术创新模式与作用轨迹。

（1）用户需求的信息类型。

用户需求信息分为显性用户信息与隐性用户信息两种。显性用户信息包含当前产品供需缺口与差异化需求趋势等信号。对显性用户需求信号的识别，有助于推动技术创新过程中的技术升级、产品改良、生产率提升、组织模式优化，实现市场导向对多主体协同行为的正向影响，这一类型的需求信号与创新类型中的渐进式创新相对应，表现为创新过程迎合用户需求。

隐性用户需求信息包含市场中存在但未显性表达，或者市场中尚未存在、但可以实现用户需求效用和偏好的信息集合。隐性用户需求需要实现对现有用户需求的深度分析与有效挖掘。对隐性用户需求的识别，有利于技术创新主体建立核心竞争优势，占领核心技术制高点，获得较大的市场份额。这一类型的需求信号与创新类型中的突破式创新相对应，表现为创新过程引领用户需求，从而实现市场导向对多主体协同创新作用绩效的正向影响。

用户需求信息是以信号点离散分布与链式分布两种形式呈现的。信号点离散分布能较为客观地显性反映市场需求空间，链式分布则是将用户需求进行整合加以联系的隐性表达方式。这两类用户需求之间并没有明确的区分界限，属于对需求链整合的不同阶段，通过显性需求信号的深度挖掘与延伸能够捕捉隐性需求信号，而隐性需求又是显性需求的深化和优化，体现了用户需求信息的动态性。通过将两者相结合加以分析，能将显性用户需求与隐性用户需求联系起来，通过用户需求由点到链的扩展，实现多主体协同对用户需求信息的深度挖掘。

（2）用户需求的作用机理。

用户需求识别对多主体协同创新作用绩效的影响，具有较为明显的阶段性特征：初期可对少量用户需求信号有效识别，初步建立市场需求与多主体协同创新过程的有机联系，产生正向激励作用；随着用户需求信息有效识别程度的不断加深，用户需求空间与技术创新过程的协同度增加，促进技术创新成果转化能力提升的同时，创造更多市场价值；当技术创新过程进一步根据用户需求调整时，市场中用户需求的多样化容易造成同质产品功能差异化。对用户需求信息的过度识别，会稀释多主体协同创新过程的针对性，反而产生负向激励。因此，用户需求对于多主体协同创新绩效的影响趋势存在倒"U"形特征。

随着市场需求空间的日益完善，技术创新水平的不断提升，用户需求的价值表达已不再是单一主体作用职能能够满足的，需要多元主体通过协同互动、优势互补、资源集成来共同实现。用户也从原来的单纯消费者，通过需求的反馈作用转化为技术创新过程的参与者。用户需求导向作用的充分发挥与多主体协同创新作用路径具有较好的耦合作用，用户需求促进了多元主体的有效协同，多主体协同优化了用户需求的完全表达。

用户需求对多主体协同的作用机理，如图3-1所示，表现为：第一，用户需求对创新资源的优化配置，用户需求反映了市场需求的价值集合，技术创新过程则体现了创造价值集合，通过资源配置使多主体协同创新过程最大限度地反映用户需求价值空间，从而加大创新成果与市场需求的匹配度，促进创新成果的转化能力；第二，用户需求对创新过程的动态反馈：通过前一阶段多主体协同创新成果在市场中的转化情况，调整人力资本与创新资源的优化配置能力，反作用于下一阶段的多主体协同循环过程，实现市场导向对多主体协同过程的动态反馈调节作用；第三，用户需求对技术追赶的有效激励，根据现有需求情况的用户表达，通过用户需求信息链对市场潜在需求进行深度挖掘，并结合现有技术水平对创新过程进行改进和优化，或通过研发实现技术升级或技术突破，使部分潜在的隐性用户需求显性表达，有助于作用主体实现突破式创新，挖掘新的市场空间，占领技术制高点，实现技术追赶。

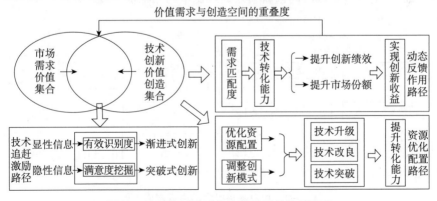

**图3-1　用户需求对多主体协同的作用机理**

资料来源：笔者根据用户需求对多主体协同的作用机理的理解绘制而得。

（3）用户需求概念内涵在中观层面扩展。

对于多主体协同创新过程，用户需求概念需要由原有的微观层面逐渐向中观层面推演。按照纳威和斯莱特（NS）的量表，对于用户需求的市场导向作用在微观层面的刻画，主要分为消费者承诺、消费者价值创造、消费需求理解、消费者满意度目标、消费者满意度度量、售后服务等（Narver and Slater，1990）。相关度量指标可以概括为根据消费的需求情况进行价值目标确立，提升价值创造对消费者满意程度的作用过程。

在多主体协同的中观层面，按照信息共享作用优势集成、主体协同深度加深与广度加大等作用目标，用户需求概念的中观层面扩展，如图3-2所示，可推演为：通过需求与供给的深度集成，使技术创新能够直接满足市场需求空间，从而提升多主体协同的创新成果转化能力，即用户需求对作用绩效的提升能力；通过用户需求的反馈作用，实现对资源配置和创新目标的动态调整，进而优化多主体协同创新过程，即用户需求对技术创新的有效识别；通过对用户需求集合的深度分析，明确要实现价值创造时，作用主体必须具有的相关职能，从而结合收益激励、促进多主体的协同互动与合作，即用户需求对多主体协同的激励能力等层面。因此，通过对市场导向中用户需求概念的刻画，将选取需求信息有效识别度与多主体协同创新绩效提升比率的二维框架展开分析。

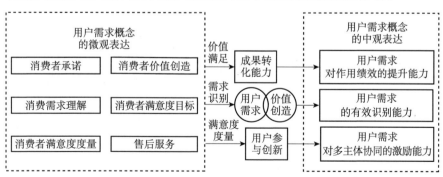

**图3-2 用户需求概念的中观层面扩展**

资料来源：笔者根据对用户需求概念的中观层面扩展的理解绘制而得。

## 3.1.2  竞争驱动的作用机制分析

竞争驱动是将创新资源配置和多主体协同行为的竞争优势相互联系的市场导向作用。其中，竞争性既体现在多主体协同行为之间的竞争优势比较，也与市场中创新绩效的成果转化能力密切相关。在多主体协同的技术创新过程中，竞争优势与技术成果的创新绩效成正比，竞争优势是多主体协同行为中创新能力的表征变量，创新绩效是多主体协同行为在市场中收益能力的基本描述。如果将两者有效连接，就能建立创新资源配置与创新绩效之间的动态反馈，即创新资源配给—多主体协同竞争优势—市场创新绩效的循环路径，从而实现以竞争优势为基础的市场驱动作用，通过主体协同和创新扩散作用，实现产业创新收益的整体提升。

（1）竞争驱动的概念内涵与拓展。

在市场导向的概念体系中，竞争驱动的概念内涵可以从微观层面和宏观层面两个层面分析。微观层面指，通过作用主体对竞争者行为的了解，明确市场需求空间与产业发展的基本方向，以构建作用主体的核心竞争优势；宏观层面指，基于市场的竞争机制，通过以生产率为基础的优胜劣汰过程，整体提升产业技术创新能力，更多地侧重于主体之间的竞争特征。结合 NS 量表，竞争驱动主要体现在竞争空间与优势分析、核心竞争力供给、核心能力对目标客户的吸引能力等方面，从而对技术创新过程产生较为直接的影响（Narver and Slater，1990）。

在多主体协同的中观层面，市场导向的竞争驱动内涵强调竞争与合作的双向作用。在多主体协同过程中，竞争特征体现在主体协同选择和创新绩效两个方面，主体协同选择主要说明同质主体之间的双向择优机制，以及优势互补、资源集成的有效性。创新绩效则由对单一主体创新能力水平的衡量，变成了对多主体协同整体创新能力的衡量。中观层面竞争驱动导向作用，将竞争和合作进行有机联系，因此，具有显著的驱动力。由此可见，竞争驱动的理论表达可推演为，通过集成多主体竞争优势，实现资源优化配置，构建创新资源流动与竞争优势相互协调的动力机制，从系统与创新网络层面更为广泛地提升多主体协同的创新绩效。

（2）竞争驱动的作用机理。

从生产函数角度，可以从投入和产出两个层面来分析竞争驱动的作用机理。投入—产出层面，多主体协同过程中竞争优势集成度较高，以技术和知识为主要生产资源的创新过程，将有利于创造更多创新绩效；产出—投入层面，通过构建创新绩效产出和竞争优势相联系的利益分配反馈机制，以实现创新资源补给和竞争优势协同的配置方式。作用过程可以简单概括为，多主体之间知识与技术集成能力越高，作用主体的竞争优势越大，对主体间协同效率有更明显的促进作用，从而有效提升作用绩效，通过成果转化产生更多利润空间，进而提高协同主体在第 $t+1$ 期的创新资源投入能力，推动作用主体竞争优势，实现竞争优势与资源配置的同步性，以及市场导向与协同行为的有效互动。

竞争驱动对多主体协同行为创新绩效的影响，可以通过竞争优势大小与多主体协同获得多少超额利润的二维矩阵进行刻画，即可以划分为少量竞争优势领先主体的资源配置——大量超额利润、中等竞争优势主体的资源配置——中等超额利润、大量竞争优势较显著主体的资源配置——少量超额利润三种驱动模式，超额利润空间与竞争驱动作用主体占比呈反向关系。但需要强调的是，以上三种驱动模式对竞争优势作用主体进行资源配置的比例范围仅占所有主体数量的少部分，否则，便失去了竞争驱动的价值。当对竞争优势非常明显的作用主体进行资源优化配置时，有利于少量竞争优势明显的作用主体获取较多超额利润，进而通过协同扩散行为，整体提升创新绩效；当对竞争优势较明显的作用主体进行资源优化配置时，这些作用主体所获取的超额利润空间将逐渐缩小，同理，进一步通过协同扩散行为，对整体创新绩效产生影响。先导型作用主体少量竞争优势的作用主体获取大量超额利润的驱动模式，更侧重于对引领型作用主体的正向激励作用；而后进型的作用主体获取少量超额利润的资源配给驱动模式，则强调对竞争优势资源补给范围的有效扩大。

（3）竞争驱动对多主体协同的影响。

竞争驱动的市场导向作用，主要通过竞争比较、竞争反馈、竞争优化和竞争选择四个层面的动力机制，对多主体协同行为产生影响。竞争比较是基于主体竞争优势比较产生的协同激励，竞争反馈侧重于资源配置和竞争优势之间的有效联系，竞争优化是通过提升领先主体优势进而提升行业的创新绩效，竞争选择实现了多主体协同行为的动态特性。

竞争驱动对多主体协同行为的影响，如图 3 - 3 所示。可以从四个层面展开分析：第一，竞争比较的驱动效应，能提升多主体协同效率。将创新资源的流动与配置和主体协同的竞争优势相互联系后，推动主体之间的资源共享与优势集成，从简单合作向深度协同转化。主体在协同选择过程中嵌入竞争机制后，多主体协同行为就会出现"强强联合"，从而提升多主体协同效率。第二，竞争反馈能优化资源配置效率。构建创新资源配置和多主体协同竞争优势之间的双向反馈，不但能使资源配置通过技术创新的循环过程，强化多主体竞争优势，提升系统协同的自组织优化特性，而且，能使资源配置和市场转化情况相呼应，构建良性资源流动路径与竞争驱动路径。第三，竞争强化有利于推动整体创新绩效。结合资源优化配置过程，竞争强化能更好地服务行业领先主体协同创新行为，有利于领先主体占领行业核心技术高地，提升创新成果的市场引领性，进而通过创新系统和网络等扩散载体的示范效应和辐射效应提升整体产业的创新绩效。第四，竞争选择能强化协同行为的动态特征。竞争选择是预期收益与优势集成共同作用的结果，基于创新收益与资源配置的竞争选择过程，既能提升协同行为的灵活性，也可以根据竞争优势的集成效果，运用选择、组合、重构等多种方式，强化协同行为的动态特征。

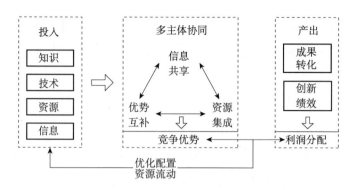

**图 3 - 3    竞争驱动对多主体协同行为的影响**

资料来源：笔者根据对竞争驱动与多主体协同行为影响的理解绘制而得。

### 3.1.3　职能协同的作用机理分析

职能协同是不同职能的作用主体，为实现市场需求提供深度合作与协同互动的激励作用。如果竞争驱动强调市场导向对于多主体协同过程的竞争性，职能协同则更为侧重主体作用对接的合作性与不同性质主体共同作用的整体性，两者之间的呼应，很好地诠释了协同的概念内涵——竞争与合作。职能协同使市场参与到主体协同创新过程中，充分发挥外部市场环境对协同关系的调节与激励，同时，也为多主体协同行为实现市场需求，提升创新成果转化能力提供方向。因此，通过职能协同的市场导向作用，有利于多主体协同行为实现不同职能主体之间的优势集成、深层的信息流动与资源共享、广泛多元链接机制的协同互动与协同对接。

（1）职能协同的内涵与意义。

职能协同是通过多主体各部门要素职能的有效整合，实现职能互补、优势集成、资源共享的作用过程，市场导向理论中原有的职能协同是针对企业层面进行表述的，根据 NS 量表，职能协同度量的表征变量有跨部门联系通话数量、不同职能的信息共享、战略职能集成度、所有职能对消费者价值的贡献度、不同商业单元的资源共享程度等。将职能协同在多主体协同行为的中观层面进行扩展时，其理论内涵基本不变，主要差别在于协同单元由原来企业层面的各部门，扩展为具有不同职能的同质主体和异质主体。从市场导向视角更加强调跨领域的职能融合与学科交叉、信息和资源流动的深度与广度等激励作用，更好地契合了协同创新的理论内涵。

职能协同的重要意义在于，外部市场需求使技术创新成果转化只有在不同职能的作用主体共同作用下才能得以实现。职能协同是主体行为实现技术创新复杂度的重要基础，也是市场导向参与技术创新过程的间接途径。另外，协同行为更侧重于主体合作行为与互动行为的深度、广度和即时性，协同过程的实现应该是突破原有主体间的合作关系，使信息、资源更深层地自由流动，主体作用优势更灵活地组合匹配，主体职能在更广泛的领域完成动态对接，从而实现合作创新向协同创新的转化与过渡。

职能协同与多主体协同从职能互补、多元主体深度合作等层面对协同有所强调，但两者在概念内涵上存在明显的区别和联系。中观层面的职能协同，更强调源于市场导向的激励作用，市场需求的多元化要求不同职能的主体进行深度合作，才能确保技术创新成果有效转化；而多主体协同则更多地强调了技术创新过程中主体的协同关系以及将知识链、技术链和利益链进行动态对接的主体合作行为。中观层面的职能协同侧重于外部环境激励，多主体协同侧重于内部行为过程，将两者相互联系，使创新过程呼应市场激励，市场环境引导行为过程。

（2）职能协同的作用机理。

职能协同的作用机理，主要表现在合作关系的空间维度和职能对接的系统作用。合作关系的空间维度是指，多主体之间的协同关系，可以抽象为合作网络的空间拓扑结构，合作关系的调整与演化可以通过网络结构的动态特征进行刻画。职能对接的系统作用是指，不同职能的作用主体通过知识、技术、资本、人力等不同维度的链接机制，形成"1+1>2"的系统驱动力。基于协同关系的职能协同，既能体现优势互补的合作关系，又能结合多主体协同的技术创新过程形成多维度动态反馈机制，从而在增强多主体协同行为对市场反应的主观调节能力时，实现自组织优化过程。同质主体和异质主体的有机协同，使协同主体作用在技术创新过程中实现纵向延伸，形成优势集成作用的一体化，也使主体职能对接范围实现横向扩展，形成学科融合和领域交叉的系统化。

因此，职能协同的作用机理，如图3－4所示，基本上分为四个阶段：第一阶段，市场需求阶段：通过需求明确技术创新价值创造的要求，细化多领域学科交叉对主体职能的要求，提出多元链接机制对系统整合能力的要求，拉动作用主体职能多元化组合；第二阶段，协同激励阶段：结合实现技术创新成果的基本要求，产生同质主体和异质主体间的职能整合、优势集成、信息流动、资源共享的作用激励；第三阶段，多主体协同阶段：通过多领域交叉的技术融合、作用主体职能的双向对接以及主体协同的多元耦合，构建多主体深度合作关系，完成基于多主体协同行为的技术创新过程；第四阶段，绩效阶段：通过市场目标分析层面的职能协同激励，结合市场价值判断层面的创新成果转化情况，对已有协同关系的双向反馈进行调节，实现主体职能的优势选择、职能重组、协同重构，达到自组织优化过程。

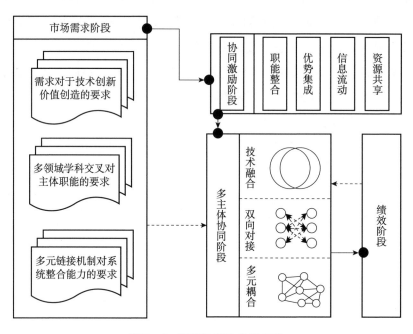

**图3－4　职能协同的作用机理**

资料来源：笔者根据对市场导向中职能协同的作用机理的理解绘制而得。

（3）职能协同对多主体协同的影响。

职能协同对多主体协同的影响，可以通过多主体协同行为的收益曲线、成本曲线及创新绩效曲线的关系加以刻画。职能协同对多主体协同的影响具有双向特征。

在图 3 - 5 中，当职能协同的作用激励处于多主体协同关系改进空间较大的情况时，职能协同导向作用能有效地推动多主体之间通过优势集成与资源共享产生协同行为。结合市场层面的驱动力，增加技术创新过程和市场需求空间匹配度，促进创新成果转化能力的提高，提升创新绩效。此时，职能协同激励对多主体协同行为产生正向推动作用。

在图 3 - 5 中，当职能协同的作用激励处于多主体协同关系改进空间较小的情况时，已经构建了较为完备的组织协同关系。来自外界市场环境的协同激励对收益曲线的提升作用逐渐降低，收益曲线因进一步协同难度的增加呈下行趋势。同时，较大数量协同主体要建立信任关系以及已有协同关系维护等，成本曲线会因此使得协同成本的大幅提升呈上行趋势。

当成本曲线和收益曲线发生交叉时，创新绩效的净收益达到最大值。此时，职能协同激励对多主体协同行为逐渐产生负向阻碍作用。因此，职能协同激励与多主体协同的创新绩效之间呈倒"U"形关系，如图 3 - 5 所示。

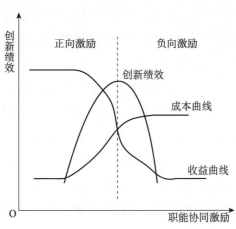

**图 3 - 5　职能协同对多主体协同的影响**

资料来源：笔者根据对职能协同与多主体协同作用关系的理解绘制而得。

# 3.2　多主体协同创新的作用机制

多主体协同创新是基于单个作用主体的职能限制，以及技术创新行为面对市场竞争的现实需要，通过主体职能协同，达到优势互补、资源共享并具有更明显竞争优势的自组织合作模式。协同行为突破了原有主体间单向互动的简单合作，更强调作用主体内部要素之间的整合过程，实现主体内部和主体外部的双向调节，主体与外部环境之间的相互反馈，易于形成多种链接机制。因此，在中观层面上存在更为明显的创新驱动作用。

## 3.2.1　多主体协同创新的界定与内涵

多主体协同创新是指，不同职能的作用主体，通过内部各要素间的有序组织和外部职能间的有机嵌套，在外部导向作用的激励下构建人力、资本、知识、技术的链接机制和反馈路径，形成整体创新驱动作用大于部门职能叠加的自组织优化过程。多主体协同行为的关键是构建不同层面的协同连接键，核心是通过集成内外部驱动激励形成各个作用主体自发组织的有效协同，因此，自发组织的协同过程具有的动态性和演化性特征，其实质是将知识演化过程、资本流动过程、技术创新过程等多维作用趋势联立起来的技术创新范式。

多主体协同创新是利用不同作用主体的职能耦合、优势互补与资源共享，结合多元链接机制和反馈路径形成的深度合作过程。多主体协同创新不仅使技术创新过程从简单的主体合作向深度互动过渡，而且，其作用过程中伴随的合作机制与竞争机制，使协同行为在更广的主体作用范围内产生长期的产业竞争优势。从合作视角分析，多主体协同创新通过内部各个要素的整合过程和外部作用主体间的职能对接过程，结合多种链接机制和反馈路径，以促进内部和外部两个角度的双向调整能力，伴随作用主体互动的资源优化配置能力及实现"1＋1＋1＞3"的整体自组织优化能力。从竞争视角分析，多主体协同过程是在多个同质主体和异质主体之间，基于外生激励和内部职能需求进行自由组合、选择、评价形成的动态链接键，多主体协同过程的竞争特性来自市场中创新成果的转化情况、创新主体间形成的优胜劣汰，也体现在创新主体之间竞争优势的评价与比较、主体利益分配博弈、资源配置与资源补给等方面。由此可见，竞争与合作能较为充分地诠释多主体协同的理论内涵。

### 3.2.2　多主体协同创新的作用机理分析

多主体协同创新是同质主体和异质主体职能和优势的深度耦合，形成整体大于部分的作用叠加驱动效应的合作方式与动态过程。多主体协同创新代表不同要素职能的多主体协同行为，从静态层面看，是多种要素的交互协同，形成具有有序结构的作用系统或创新网络；从动态层面看，是结合知识链接机制、技术链接机制、资本链接机制、制度链接机制，形成多维对接的自组织协调过程。

（1）多主体协同创新的职能定位。

多主体协同创新行为中协同的特点体现在宏观层面与微观层面，不同主体之间的职能对接与互动是宏观层面形成整体化协同的过程，同时，不同作用主体内部要素的集成与联系，又是微观层面形成子系统协同的基础。通过微观层面和宏观层面的叠加，形成了多主体协同行为的作用基础。多主体协同过程中不同作用主体具有不同的职能优势，同时，又通过主体间的多元反馈路径，形成了具有整体特性的协同系统。

知识主体通过知识集成、知识创新、知识淘汰、知识更新等过程，结合高校和科研院所人力资本和研发投入、专利申请与学术论文产出等的共同作用，形成了知识势能较高的作用优势，具有体系性强、结构完整、易于集成与学科交叉等特点。知识主体不仅通过不同链接机制的动态对接，实现知识向技术的转化，而且，可以结合知识主体之间的互动与合作，构建多领域交叉与多学科融合的创新驱动点。另外，知识主体体系结构的建立与知识更新过程，伴随着数据模拟、实验仿真、理论推演、技术演示等方式，更大幅地减少了实际应用过程中的试错成本。基于多主体协同行为，在促进知识深度传播与互动的同时，能最大化知识主体作用优势的合作效用。

技术主体是将理论知识结合生产需要进行首次对接与转化的主要载体。技术主体的子系统，通过企业研发与创新、人力资本与物力资本配比优化、技术生产与应用等行为，形成专利申请、核心技术人力资本体系、相关产业技术与经验体系等方面的积累，涉及较多环节的有机衔接，因此，协同过程更具有完整性、集成性、一体化性等特点。技术主体通过生产要素组合完成创新成果化过程，形成子系统内部协同路径。同时，通过知识链和技术链的协同对接，不仅能使知识体系服务支撑技术创新过程，而且，使技术主体根据知识转化过程中的应用情况，构建反馈调节路径并形成反向优化机制，形成知识促进技术升级、技术调整知识应用的自组织优化模式。

知识主体和技术主体以外的主体主要由政策主体（政府）、环境主体（区域、市场、文化等）构成。政府作为政策主体的主要代表，通过政策激励与制度规范，形成具有战略意义的产业发展规划，在宏观层面把握协同行为的发展方向。通过政策工具充分发挥资本流动与资源配置的杠杆效应，完善基础设施建设，充分实现以政策为主导的协同驱动效应。环境主体是区域特色、市场用户与文化驱动等多维环境驱动要素的总称，区域特色和文化特色能形成特定的环境聚力，通过区域优势和文化优势影响创新模式，对多主体职能协同的方向有所调整。市场是需求空间的主要代表。相对于简单的合作模式，市场也许仅是外部环境，但随着用户对技术创新过程的激励作用日渐凸显，用户参与程度也成了优势集成的重要体现。另外，通过政策主体、环境主体等共同作用，也能形成促进创新成果转化、各种链接机制相互联系、主体间深度协同的中介力量。

多主体协同创新不仅是不同作用主体的职能叠加，而且，是通过不同阶段、不同主体发挥作用时形成系统的整体化反馈网络，使知识创新能有效地服务于技术应用过程，技术应用又能反馈到知识更新过程与人力资本培养过程，政策导向能考虑到技术和知识在生产转化过程中的实际需要，外部环境主体也能参与形成协同行为产生技术创新驱动力的过程。多元主体之间的反馈路径，实现多元主体的优势集成、职能互补、资源共享与信息流动，也是多主体协同区别于多主体合作的主要动力。

（2）多主体协同创新的作用过程。

多主体协同创新是多元主体职能的深层对接，形成具有整体驱动效应的作用过程，要分析多主体协同的作用过程，需要按照多主体协同行为形成的步骤展开分析，即多要素在主体层面上的组合，主体之间在职能层面上的匹配，多个子群落在系统层面上的对接，同质主体和异质主体在网络层面上的互动。"点对点成线的双边匹配—线接线成面的系统作用—面叠面成网的网络扩散"的过程描述，多主体协同的作用过程，如图 3 - 6 所示。可以将多主体协同过程与市场导向联系起来，为分析市场导向对多主体协同创新绩效的影响机制提供分析基础。

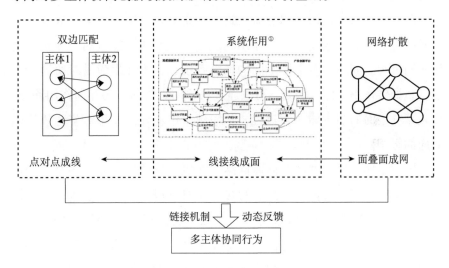

**图 3 - 6　多主体协同的作用过程**

注：①系统作用会在后文系统动力特征分析中进一步展开，与图 5 - 2 相同，本图为缩略图，此处仅表示系统性作用模式，看不清图中文字并不影响对本图的理解。

资料来源：笔者将多主体协同的作用过程划分为双边匹配、系统作用、网络扩散三个阶段绘制而得。

主体职能的双边匹配，主要侧重于作用主体两两之间的对接情况，即如何使两个作用主体之间突破简单的合作关系，实现以链接机制为基础的更深层次的优势集成过程和信息流动过程。市场导向为创新主体间通过外生创新资源对协同合作进行调整提供了作用基础。例如，在市场导向作用嵌入主体之间的职能协同过程中，使主体之间的双边匹配不但基于互补的职能合作需要，而且，更深层次地体现市场对于成果转化的需要，在提高主体间对创新资源选择、评价、匹配过程灵活性的同时，增加主体职能双边匹配的协同度，从而提升主体与主体之间点对点的协同效率。

多个子群落通过链接机制的构建、交互、循环与反馈，形成了知识创新—知识与技术对接—技术创新—创新成果转化—利益分配机制—创新投入的系统闭合回路，伴随多元反馈机制，使不同主体通过职能协同的有效集成，构建系统整体化的协同过程。通过将作用主体两两之间双边匹配的协同组合，按照职能需要进一步集成时，原来点对点成线的链接机制就会形成线接线成面的作用系统，从而形成链接机制一体化的整体协同过程。同理，多主体协同构成的系统，也为外生激励对协同行为的调整提供作用载体。例如，可以通过将不同维度的市场导向作用路径，嵌入系统层面的多主体协同过程，从而观察市场导向作用对多主体协同效应的影响。

同质主体、异质主体的创新网络，在更广泛的层面涉及多个不同职能作用主体之间的选择、匹配、对接、集成过程。这是将主体协同从原本点对点职能匹配，向面对面系统叠加成网的过程，这更符合现实情况。现实中，多主体协同行为是由多个知识主体、技术主体等通过自由组合的协同过程形成创新驱动效应。如果说子群落在整体意义上完成了知识主体、技术主体、政策主体、环境主体在系统循环回路中的协同，那么，创新网络结合拓扑结构的演化过程，刻画了多个同质主体和异质主体在更宏观视角上的协同组合行为。如果将市场导向的作用维度描述为网络行为激励，那么，也能从网络演化角度对协同过程创新绩效的影响展开分析。

（3）多主体协同创新的特征规律。

多主体协同中的协同是其特征规律的最好总结，作用过程的协同主要表现在链接机制与作用路径中，参与主体的协同主要体现在作用主体内部与作用主体外部之间，关系维度的协同主要通过竞争与合作的作用内涵进行刻画。

链接机制与反馈路径的协同：多主体协同以产学研合作为基础进行了深度延伸。在产学研合作过程中，各作用主体只是根据主体属性进行职能合作，即知识主体仅提供知识与人力资本培养、技术主体仅进行技术应用与产品生产等。而在多主体协同过程中，通过链接机制的对接与反馈路径，构建作用和反作用的双向反馈，保证了协同效率，链接机制增加了不同多元主体之间的职能对接，反馈路径实现了不同职能发挥作用时对其他主体的调节和优化。产学研合作与多主体协同作用机理对比分析，如表3-1所示。

表3-1　　　　产学研合作与多主体协同作用机理对比分析

| 类型 | 主体作用 | 作用过程 | 主体关系 | 图示 |
|---|---|---|---|---|
| 产学研合作 | 实现基本职能 | 合作过程 | 单向与单维度 | 企业 / 高校与科研院所 / 用户 / 政府 |
| 多主体协同 | 促进职能对接 | 链接机制与反馈路径 | 双向与多维度 | 企业 / 高校与科研院所 / 用户 / 政府 |

资料来源：笔者根据产学研合作与多主体协同作用机理的对比分析绘制而得。

作用主体内外部协同：主体内部和主体外部的协同，是实现协同行为整体自组织优化的重要基础。这一特征规律，使得主体间职能对接过程与主体内部要素组织模式之间形成了交互式协同。例如，技术主体和知识主体的职能对接，既能改善技术主体的知识转化过程，也能调整知识主体的知识应用能力，实现微观层面和中观层面之间的双向调节机制。通过主体协同链的延伸和创新扩散过程，构建多主体协同的自组织优化机制。

同质竞争与异质合作的协同：多主体协同可以看作同质竞争与异质合作共同作用的结果。协同链的上游和下游对接时，一个知识主体面临的必然是多种技术主体，同时，一个技术主体也会被多个消费主体自由选择。因此，就会在多主体协同过程中存在同质主体之间的竞争优势比较以及异质主体之间的职能对接合作。这种竞争与合作互动的协同，具有优胜劣汰性质的竞争驱动力和优势互补性质的合作驱动力的作用属性。

### 3.2.3 多主体协同对创新绩效的影响

多主体协同是通过多元主体职能协同，实现优势集成和资源共享的作用过程，也是通过协同调节作用促进主体内外部创新驱动能力，从低能级向高能级稳态跃迁，实现动态均衡的有序循环作用过程。因此，在实现作用主体效用最大化的同时，通过内在协同驱动机制和协同增长机制提升创新绩效。

协同驱动机制在不同主体之间进行职能关联和优势整合时，通过链接机制对上下游对接主体形成双向拉动作用。例如，知识创新能力显著提升后，在协同对接知识与技术转化的过程中，也会对技术创新能力产生正向推动作用，在技术应用过程中，对知识的需求情况也会反向激励知识创新过程，从而提高产业的创新绩效。协同驱动机制还体现在主体职能协同的自组织过程中，有利于构建资源优化配置和信息有效流动的作用通路，作用通路与驱动能力配合，使各作用主体的初始作用优势以及各作用主体的作用优势提升达到最大限度，通过杠杆效应产生对创新绩效的整体推动。

协同增长机制在多元主体职能耦合过程中，建立统一的发展目标，结合外生环境激励（如市场导向作用）形成长效发展驱动效应。多主体协同促进了主体职能的动态耦合，形成主体要素和链接机制的兼容性和有序性，通过构建深度协同的循环体系，形成创新绩效的短期增长机制。通过弱化主体间的资源流动壁垒提升资源优化配置效率，结合循环过程的资源配置情况，反向作用于主体内部的要素组合模式和主体外部的职能协同过程，形成自组织优化激励及创新绩效提升的长效机制。外部环境的激励作用在短期和长期都会有不同的驱动效应，集成主体内部和集成主体外部、短期和长期双维发展框架的共同作用，形成协同增长机制对创新绩效的正向推动力。

从单一主体到多主体，从主体合作到职能深度对接，从链接机制到动态反馈，逐渐实现了协同度由低向高，由扩散到整体的跃迁，可见，多主体协同过程均与创新绩效的提升呈正相关关系，这也为市场导向嵌入协同行为的过程提供了较为充分的作用基础。

## 3.3　市场导向对多主体协同创新的影响机制

市场导向与多主体协同行为在概念内涵上具有很好的兼容性，市场导向是多主体协同创新、实现市场价值创造的行为依据，多主体协同是充分发挥市场导向作用、实现价值创造的基本保障。多主体协同的技术创新作用路径，包括通过组织学习实现市场需求的价值创造、通过研发新产品与服务模式构建市场需求空间、通过深化主体协同度提高对于市场价值需求的理解能力。而市场导向作用的形式包括应激型市场导向作用形式和领先型市场导向作用形式两种，应激型市场导向作用形式侧重于主体协同对市场需求的价值满足。现有市场需求价值空间的多元性，对作用主体职能的技术创新水平要求不断提高，只有不同职能的同质主体和异质主体实现优势互补、资源共享，才能保障技术创新的价值空间与市场需求的价值空间深度重合。领先型市场导向作用形式通过对作用形式的理解和表达，实现潜在市场需求。潜在市场需求是以现有需求为基础进行延伸和扩展的，要识别潜在用户的需求信号，需要通过市场需求价值链的上下游扩展进行深度挖掘，因此在原有多元主体协同行为的基础上，进一步强调市场用户导向作用参与创新的重要性。两种市场导向方式都是多主体协同实现创新绩效的作用基础，结合以用户需求为基础的市场用户参与度，以竞争驱动为基础的市场创新资源与竞争优势同步的配置效率，以职能协同为基础的优势互补与资源共享，使市场导向与多主体协同行为具有互动性。

市场导向对多主体协同行为的影响，是通过不同阶段的动态反馈实现的，市场导向在多主体协同过程的不同阶段，作用机制的侧重点也存在差异：（1）在协同创新前期，市场导向主要表现为"对市场潜在需求信号的有效识别"。市场信息具有显性市场信息和隐性市场信息两种形式。显性市场信息是根据供给缺口的刚性需求判断发出的市场信号，不但提高了创新成果与市场需求的匹配度，提高了成果转化能力，而且，也有效地调整了创新资源配置过程，实现了效用最大化。隐性市场信息则强调潜在用户需求信息，具有先导性特征。通过捕捉潜在用户需求信号，利用技术创新过程实现隐性需求信息的显性表达，深层挖掘并扩大市场需求空间，有利于占领技术制高点、形成核心竞争力并创造利润增长点。（2）在协同创新中期，市场导向主要表现为市场导向作用的多元反馈。协同创新是通过多主体协同互动，实现信息流动、资源共享以及优势互补，将多种链接机制有效对接的成果转化过程。市场导向作用通过用户参与，对知识链和技术链对接的有效性进行调整和强化；通过竞争驱动，促进技术升级与生产率提升；通过职能协同，深层次集成不同作用主体的比较优势。从而更加充分地表达协同创新合作与竞争的作用内涵。（3）在协同创新后期：市场导向主要表现为"结合市场需求的成果转化情况与价格水平的优化机制"。在资源配置层面，成果转化不但是结合市场出清形成创新资本的作用过程，而且，是资本投入和资本配给的重要依据；在价格层面，价格水平反映供给和需求之间的平衡特征，价格所包含的附加值空间也会对技术创新的资源配比产生调节作用；在技术创新层面，成果转化情况体现了成果供给与市场需求的匹配情况，通过经济增长点和供需缺口，促进产业调整和技术重组的自组织优化。

由此可见，市场导向作用与多主体协同从概念内涵和作用阶段两个层面，都具有密切联系。将两者有机融合形成市场导向对多主体协同技术创新过程的驱动力，提升成果转化能力和作用绩效。多主体协同行为的实现，是通过作用主体两两之间的动态匹配、不同职能的系统动力学对接、同质主体和异质主体的网络耦合逐渐完成的。因此，以多主体协同行为双边匹配、系统对接、网络扩散的作用过程为主线，分别结合市场导向不同维度的作用机理进行路径嵌入，就市场导向对多主体协同的创新绩效提升展开量化分析，可为市场导向创新驱动力充分发挥和促进多主体有效协同提供理论支撑。

# 本章小结

本章在全书中具有承上启下的重要作用。以理论分析和文献梳理为基础，阐述了市场导向不同作用维度的概念内涵。结合本书以多主体协同为对象，从消费者、生产者和竞争者等角度，对 NS 量表中不同维度的概念内涵进行理论拓展。通过对相关作用路径的细化与描述，重点分析市场导向与多主体协同的联系、机理与影响，为后文市场导向激励作用的嵌入奠定基础。

本章还详细回答了多主体协同行为如何形成的问题，分别刻画了不同阶段协同链接机制的构建与形成的作用过程。包括主体与主体之间的双边匹配过程、不同主体进行优势集成的系统作用过程以及同质主体和异质主体之间的网络扩散过程。论述了"点对点成线—线接线成面—面叠面成网"的多主体协同行为，分别与本书第 4 章、第 5 章和第 6 章的研究内容相呼应，较好地说明了研究方法和研究内容间的对应，构建了全书的分析框架。

# 第4章 市场导向的多主体协同创新双边匹配机制

多主体协同创新的双边匹配过程是作用主体一对一之间，通过链接机制构建与延伸，实现职能对接的第一步。其中，知识主体是知识供给的作用主体，技术主体是知识在被吸收转化实现技术创新的作用主体。两个作用主体职能对接的协同过程，从供给和需求的层面对创新资源匹配的有效性提出新的要求，即要以市场导向的创新绩效与成果转化能力提升为目的。通过描述多主体协同中知识主体和技术主体在市场导向下的双边决策问题，明晰主体协同行为的匹配决策过程，明确双边匹配的最优化目标。本章根据匹配价值矩阵，结合两阶段多目标最优化的作用过程，进行双边匹配的模型构建与求解。结合实际算例，诠释市场导向下多主体协同创新的双边匹配机制。

## 4.1 市场导向下多主体协同创新的双边匹配问题描述

市场导向下多主体协同创新的双边匹配问题，涉及多重主体，多元的匹配情况，包括异质主体之间协同作用过程和同质主体之间协同作用过程两种类型。其中，异质主体之间协同作用过程包含知识主体与技术主体基于知识供求的匹配、技术主体与市场主体基于产品供求的匹配，外部环境激励与内部主体协同基于整体互动的匹配等协同作用过程。同质主体之间协同作用过程涉及知识主体与知识主体、技术主体与技术主体等之间的协同作用过程。

知识主体与技术主体通过知识供给的对接，不仅是知识链接机制与技术链接机制的协同，而且，与技术创新的作用绩效关系更为密切。市场导向下知识供求过程的双边匹配更具代表性，更能体现市场导向作用的正向激励优势。综上所述，本章以知识供求过程的双边匹配机制为代表展开分析。

### 4.1.1　市场导向的信息界定

要通过市场导向作用对知识供给与知识需求的双边匹配过程进行判断，需要对市场导向作用进行信息界定，其主要表现在两个层面，市场导向作用的信息界定，如图 4 - 1 所示。

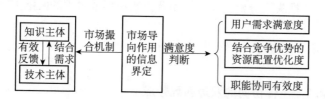

**图 4 - 1　市场导向作用的信息界定**

资料来源：笔者根据对市场导向与匹配效率作用关系的理解和描述绘制而得。

第一，结合市场需求的满意度判断。知识主体与技术主体之间以知识的供给方式和需求方式进行职能对接，实现了知识链与技术链的协同。而在技术转化过程中，涉及技术链与资本链的协同，存在多主体行为与外在市场环境的互动。基于此，市场层面对知识主体与技术主体对接过程的价值判断，属于间接评价。如果能将市场导向的调节作用直接嵌入知识链与技术链的互动过程，就能从知识资源的供需匹配上提升创新效率。市场需求结合市场导向作用的满意度判断，可以与市场导向的作用维度相结合展开分析。要评价双边匹配的对接有效度，首先，需要结合用户需求满意度，满足市场需求的知识供给，能够提升技术创新成果与市场需求价值的匹配度，同时，结合市场需要的技术创新过程，也能对知识转移产生反馈作用，从而实现知识和技术的双边匹配；其次，需要结合竞争优势的资源配置优化度。有效的知识传播和集成市场导向的技术转化，能加强主体协同的竞争优势。竞争优势加强后，通过创新收益又能形成相应的资源配置，从而实现良性循环驱动路径。最后还需要结合职能协同的有效度。知识和技术对接的匹配情况，可以结合职能协同有效度进行判断。实现双边匹配的知识供给与主体职能协同之间存在正相关关系，职能协同有效度越高，双边匹配作用越能充分发挥。

第二，市场作为环境主体对知识供求过程有正向撮合激励。原有知识主体与技术主体之间的合作过程，更侧重于资源。而市场导向作用促进了合作过程向协同过程的深度转化，既能结合双方需求产生针对性流动与有效性反馈的互动，又能将知识转移过程与其他链接机制进行衔接，从整体把握知识与技术的资源对接。集成了市场导向作用的知识供求双边匹配过程，产生多属性决策分析，在市场撮合机制中形成合理的匹配方案。

## 4.1.2 主体协同作用过程分析

### 4.1.2.1 主体协同的双边匹配效应

在多主体协同过程中，知识供给具有多样性和灵活性等特征，而技术主体在知识学习、吸收、积累与转化后，进行技术创新的过程需要与市场需求紧密结合。知识主体与技术主体在需求信息之间不对称，会影响主体职能两两对接过程中双边匹配的效率。因此，使知识主体的知识供给具有更明确的针对性，增强技术主体的需求信息反馈效力至关重要。

潘文安（2012）指出，从功能匹配来看，知识转移过程的协同特征包括结构性、程序性和整理性，如果忽略了异质主体的互补性目标，就会削弱知识整合能力，无法实现知识在技术生产过程中的内生化。康斯坦汀、托比奥斯和多米尼克（Constantin，Tobias and Dominik，2014）通过说明知识供需在基于关系维度下转移过程的复杂性和灵活性，指出符合内部需要和外部需要的知识供应链条具有积极的效率优化作用。刘春艳和王伟（2016）研究表明，在主体协同行为中，知识流动过程使外部环境基于信息、资金和物质的负熵流能抵消内部不断产生的熵增时，知识主体对接过程便呈现稳定、有序、高效的最佳状态。而市场导向在用户信息、资源配置和竞争优势上，充分体现了外部环境负熵流的作用。

由此可见，在多主体协同过程中多元链接机制在上游和下游的延伸和互动，可以抽象成需求和供给的双边匹配决策过程。而通过对匹配满意度的评价信息判断，可以市场导向作用维度为依据。两者的结合嵌入多主体协同的动态过程，既可以作为评价标准，也可以作为优化机制，从而实现知识主体和技术主体相协同、内部作用与外部市场需求相协同，使多主体协同行为更好地服务于技术创新成果转化。

### 4.1.2.2　主体协同的作用职能

知识主体作为知识供给方的主要职能有：科拉斯（Klaus，2006）指出，知识创新激励具有空间和领域的邻近效应。马洋（Myung，2014）利用三螺旋合作模型指出，高校通过获取来自产业需求的激励，构建合作关系能提升成果转化效率，提高高校在技术追赶创新驱动过程中的参与度。知识主体的作用优势在于，高校开放式协同行为能使区域企业专利数量提升 7%（Robin and Natalia，2013）。而未能有效协同，造成科学研究与产业需求匹配性低，高校与企业协同激励机制不足是影响主体协同效率的主要原因（Yelena，2014）。同时，查安卓、维拉和辛娜潘（Chandran，Veera and Sinnappan，2014）指出，在产业—高校协同过程中，中介作用、吸收能力和市场导向，是促进高校与产业需求匹配的正向影响因素。

技术主体作为知识需求方的主要职能有：朱旺（Jungwon，2015）提出，技术主体在协同过程中的职能分为两个层面：通过合作研发与联盟加强企业的技术创新能力，以及结合市场需求实现技术创新成果的商业化。在多主体协同过程中，技术主体通过合作主体的优势互补和优化配置，实现创新系统耦合行为的管理与控制，从而提升创新绩效（李成龙和刘智跃，2013）。而对于知识转移的匹配性，诺拉（Nola，2012）指出，技术主体对于知识转化的作用与途径，要充分考虑技术转化的需求空间与组织结构。帕提卡、比特和恩诺（Patricia，Peter and Enno，2013）研究表明，强调市场化平衡特征的企业与研发机构间的知识流动，是实现创新网络外部优势的关键。姚素诺丽、那海罗和西丽薇娅（Yasunori, Naohiro and Silvia, 2009）研究表明，技术主体基于区域禀赋差异呈现不同的协同演化轨迹，既可以作为创新源进行产学研合作孵化，也可以通过技术升级形成竞争优势。

### 4.1.3 主体匹配的最优目标描述

市场导向下知识主体与技术主体协同互动的作用过程，可以抽象成知识供给与知识需求在市场导向作用撮合下的双边匹配问题。市场导向通过用户需求、竞争驱动和职能协同作用，从市场转化的角度对知识匹配情况进行撮合，以提升主体协同的满意度。构建市场导向下主体协同在知识链和技术链对接的双边匹配模型，需要结合模型分析，对作用主体进行界定。此处以陈希的《技术知识供需双边匹配的两阶段决策分析方法》的技术知识供求双边匹配模型为基础进行修正。相关的符号含义说明如下。[①]

作用主体界定。知识主体作为知识资源的供给方，定义为 $S = \{S_i \mid i = \{1, 2, 3, \cdots, n\}\}$；技术主体作为知识资源的需求方，定义为 $D = \{D_j \mid j = \{1, 2, 3, \cdots, m\}\}$。其中，$i$、$j$ 为知识主体和技术主体的序数参量，而 $n$、$m$ 为知识主体和技术主体的作用总数。

主体评价值界定。主体评价是作用主体双方对彼此知识水平的判断，主要作用于双边匹配的第一阶段，形成评价基础配对。用 $a_{ij}$ 表示第 $i$ 个知识主体对第 $j$ 个技术主体的评价，用 $b_{ij}$ 表示第 $j$ 个技术主体对第 $i$ 个知识主体的评价。评价值是满意度的计算基础。

匹配满意度界定。满意度是作用主体双方对协同匹配情况的满意值，主要用于表示双边匹配的作用结果。知识主体对技术主体的满意度用 $\alpha_{ij}$ 来表示，即第 $i$ 个知识主体对第 $j$ 个技术主体进行知识供给时，知识主体的满意度为 $\alpha_{ij}$；同理，技术主体对知识主体的满意度用 $\beta_{ij}$ 来表示，即第

---

[①] 此处以2010年陈希发表的《技术知识供需双边匹配的两阶段决策分析方法》一文中的技术知识供求双边匹配模型为基础进行修正，因此，相关的模型符号保持一致。

$j$ 个技术主体对第 $i$ 个知识主体发生知识需求时，技术主体的满意度为 $\beta_{ij}$。匹配双方的满意度都是通过比率进行计算的，因此，$\alpha_{ij}$ 和 $\beta_{ij}$ 的取值范围都位于 [0, 1] 的闭区间内。结合匹配满意情况，可以进行基于市场导向的多目标结果的最优化选择。

市场导向的撮合机制。市场导向的作用维度表示为，用户需求、竞争驱动和职能协同。其中，用户需求通过匹配的对接方评价值比率进行衡量，记作 $\varepsilon1_{ij}$，即第 $i$ 个知识来体现，例如，第 $i$ 个知识主体 $S_i$ 的用户需求度，用其匹配方 $D_j$ 的评价值比率来体现。用户需求的满意度越高，匹配方的评价值在整体评价值区间所占的比率值越大，竞争驱动是主体竞争优势与资源配置相协同的驱动效应，竞争优势越强其竞争驱动作用越明显。可以利用满意度比例进行衡量，记作 $\varepsilon2_{ij}$，即通过满意度在满意区间的区位情况进行测定。职能协同通过匹配可能数量在总匹配对数量中的占比表示，记作 $\varepsilon3_{ij}$，即存在匹配的可能性越高，作用主体的协同度越大。结合市场导向作用的三个维度在双边匹配行为中的计算过程，$\varepsilon1_{ij}$、$\varepsilon2_{ij}$、$\varepsilon3_{ij}$ 的取值范围也位于 [0, 1] 的闭区间内。假设市场导向三个维度的边际作用效力相等，通过加权平均得到市场导向双边匹配撮合因子 $\eta_{ij}$。

结合上面的符号定义与性质描述，市场导向下多主体协同的双边匹配过程，如图 4 - 2 所示，可以描述表示为：第一阶段，自然配对双边匹配阶段。知识主体作为知识供给方，技术主体作为知识需求方，通过自然配对的方式进行初步双边匹配，根据前文知识主体和技术主体的数量界定，自然配对的数量组合共有 n × m 组。第二阶段，市场导向撮合机制阶段。结合知识供给方和知识需求方的评价信息，在市场导向的作用下，从用户需求、竞争驱动及职能协同三个层面形成撮合机制，计算双边匹配过程的满意度。结合满意度评价信息的初步关联，通过技术知识双边匹配阈值筛选对接决策结果，剔除组合选择路径中的非优化点。第三阶段，市场导向筛选机制阶段，实现多目标优化阶段。利用供需双边满意度的影响权重，通过隶属度加权目标函数计算，对知识供给方与知识需求方双满意度值均属于高位的组合进行配对，结合市场导向进行组合筛选，从而选择合理的供求匹配组合，使双边匹配的满意度达到最大，实现市场导向的多目标优化决策。

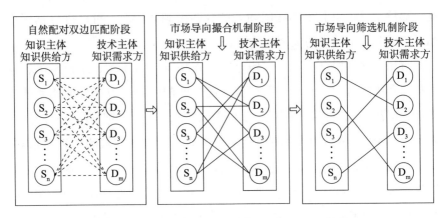

**图 4 - 2    市场导向下多主体协同的双边匹配过程**

资料来源：笔者根据对市场导向下多主体协同的双边匹配过程的理解和描述绘制而得。

## 4.2    市场导向下主体协同创新的双边匹配决策

基于以上论述，本节重点解决的问题是，如何构建市场导向的撮合机制，通过双边匹配组合满意度计算，优化双边匹配的组合配对方式。进而利用市场导向多目标决策过程，形成高效、合理的知识主体与技术主体的双边匹配结果。结合市场导向下多主体协同的双边匹配过程，本章使用多目标优化的三阶段决策分析方法进行研究。

### 4.2.1    多目标优化的三阶段决策分析方法

多目标优化的三阶段决策分析过程，与市场导向下多主体协同的双边匹配过程相对应，包括自然配对、撮合筛选和优化决策三个环节。

自然配对是知识供给方和知识需求方在双边匹配过程中，通过主体评价信息进行的初步决策过程。主体评价评分量表设为 1～10 级，评价级别的数值越高，说明主体评价越具有优势。评价过程基于需求方对供给方和供给方对需求方，充分解释了双边匹配的作用内涵。通过供给双方主体评价数据集的二维组合，初步形成 n×m 个自然匹配组合。撮合筛选是结合市场导向撮合机制的双边满意度计算，目的是构建满意度需求匹配矩阵。在原有技术知识供需双边匹配模型的基础上，将市场导向三个作用维度影响效应加权平均后，嵌入双边匹配的满意度计算过程。通过满意度计算结果体现了双边匹配的综合评价结果，同时，根据满意度双边匹配评价的阈值设置，对满意度需求匹配矩阵构建的组合结果进行初步筛选。

优化决策是实现知识供给方和知识需求方满意度最大化的过程，结合隶属度加权目标函数的决策判断，既是根据供需双方满意度最优化的决策过程，又是基于市场导向对配对结果的综合评价，从而得到最优化双边匹配结果。市场导向下多目标优化决策过程，如图4-3所示。

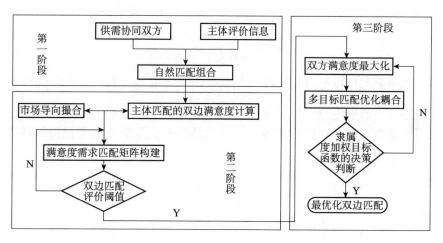

**图4-3 市场导向下多目标优化决策过程**

资料来源：笔者根据对市场导向下双边匹配多目标优化决策过程的理解绘制而得。

## 4.2.2 双边匹配矩阵构建与筛选

双边匹配的满意度矩阵，是通过主体匹配的双向满意度和市场导向三个维度撮合机制共同作用的结果。关于满意度的计算，沿用技术知识供需双边匹配模型中的计算公式，具体如下：

$$\widetilde{\alpha_{ij}} = \frac{a_{ij} - \min_i \min_j a_{ij}}{\max_i \max_j a_{ij} - \min_i \min_j a_{ij}} \tag{4-1}$$

$$\widetilde{\beta_{ij}} = \frac{b_{ij} - \min_i \min_j b_{ij}}{\max_i \max_j b_{ij} - \min_i \min_j b_{ij}} \tag{4-2}$$

式中，$\alpha_{ij}$ 和 $\beta_{ij}$ 分别表示知识供给方对知识需求方的满意度和知识需求方对知识供给方的满意度，按照模型设定，$\alpha_{ij}$ 和 $\beta_{ij}$ 的取值范围处于 $[0, 1]$ 的闭区间内。市场导向的撮合机制，是基于用户需求、竞争驱动和职能协同三个维度展开的。而对于需求方和供给方，市场导向结合两者满意度评价的撮合作用也有所差异。此处，以知识供给方为例，对市场导向作用的计算公式进行界定。用户需求通过匹配方的评价值比率进行衡量，即评价值是在最大值和最小值所处的区间范围内。比率值越大，说明越能得到匹配方的满意度认可，越能满足用户需求，计算公式如下：

$$\varepsilon 1_{ij} = \frac{b_{ij} - \min b_j}{\max b_j - \min b_j} \tag{4-3}$$

竞争驱动作用是与竞争优势相联系的资源配给过程，即竞争优势越强，进行资源配置的驱动效应越明显。本书采用主体满意度评价区间占比进行衡量，即满意度占比越高，说明越具有竞争能力作用优势，可得到式（4-4）：

$$\varepsilon 2_{ij} = \frac{b_{ij} - \min b_i}{\max b_i - \min b_i} \tag{4-4}$$

职能协同通过形成的满意度匹配对数占总匹配对数的比值表示，比值越高，说明主体协同过程中有更多主体愿意与之进行匹配，故职能协同度越高；反之，则越低。计算过程可写为：

$$\varepsilon 3_{ij} = \frac{\theta_{ij}}{\sum_i \sum_j \theta_{ij}} \tag{4-5}$$

如前所述，不同维度的撮合影响因子 $\varepsilon 1_{ij}$、$\varepsilon 2_{ij}$、$\varepsilon 3_{ij}$ 的取值范围，位

于 [0, 1] 的闭区间内。假设市场导向三个维度撮合作用的边际效应相等，市场导向撮合因子通过以上三个维度的作用加权平均得到，可得：

$$\eta_{ij} = \frac{1}{3} \sum_i \sum_j ( \varepsilon 1_{ij} + \varepsilon 2_{ij} + \varepsilon 3_{ij} ) \qquad (4-6)$$

而将市场导向作用与主体匹配双向满意度结合，形成基于市场导向撮合机制的满意度，其计算公式可以写为：

$$\alpha_{ij} = \widetilde{\alpha_{ij}} \times ( 1 + \eta_{ij} ) \qquad (4-7)$$

$$\beta_{ij} = \widetilde{\beta_{ij}} \times ( 1 + \eta_{ij} ) \qquad (4-8)$$

通过以上计算过程，可以得到满意度需求匹配矩阵。此时，需要结合匹配评价阈值对匹配结果进行第二阶段的筛选，即保留双边满意度较高的匹配组合，剔除双边满意度较低以及单边满意度较低的匹配组合。按照技术知识供需双边匹配模型中二维矩阵的匹配性评价特点，将最低满意度阈值设置为 0.5，呈现出满意度作用象限的分布情况，筛选第一象限内（双边匹配满意度 > 最低满意度阈值）的双边匹配结果。本章需要在最低满意度阈值 0.5 的基础上，结合市场导向撮合因子进行修正。

## 4.2.3 最优匹配决策模型求解

最优匹配决策是在市场导向撮合机制作用下，满意度较高的双边匹配组合中，通过实现满意度最大化，选择最优主体协同匹配组合的决策结果。对于总体满意度的计算，在函数隶属度加权的方法上，结合市场导向的作用进行修正，得到不同组合的满意度。双边匹配的最大化目标决策过程，通过构建隶属度目标函数得到最优组合。隶属度目标函数计算如下：

$$Z_1 = \frac{\max \alpha_{ij} - \alpha_{ij}}{\max \alpha_{ij} - \min \alpha_{ij}} \qquad (4-9)$$

$$Z_2 = \frac{\max \beta_{ij} - \beta_{ij}}{\max \beta_{ij} - \min \beta_{ij}} \qquad (4-10)$$

$Z_1$ 表示双边匹配最优组合中知识需求方的最优满意度，$Z_2$ 表示双边匹配最优组合中知识供给方的最优满意度，两者的取值分别处于 [0, 1] 的闭区间内。假设两者的权重分别设定为 $\omega_1$ 和 $\omega_2$，结合市场导向撮合因子，通过加权求和的方式，最终可以得到知识主体和技术主体协同最优双边匹配组合的满意度，其计算公式可写为：

$$maxZ = (\omega_1 Z_1 + \omega_2 Z_2) \qquad (4-11)$$

## 4.3 算例说明：市场导向下多主体协同的双边匹配机制

多主体协同过程中，在知识主体与技术主体之间进行基于需求分析的双边匹配过程，是将知识链和技术链有效对接的作用过程。其中，知识主体向技术主体正向转移，技术主体结合知识技术化进行技术创新，并根据转化过程对知识主体进行反馈，因此，两者是双边匹配过程。当嵌入市场导向作用时，链接机制上下游主体的关系便会由原有合作关系向嵌入市场需求后更深层次的协同关系转化。对于市场导向下多主体协同双边匹配机制的算例设计，结合多主体协同过程存在三个假设：（1）知识主体和技术主体的匹配过程，受到市场导向在用户需求、竞争驱动和职能协同等维度的综合作用；（2）算例中的知识主体属于同类同领域的知识源，同理，技术主体也从属于相似领域，且对相关知识的需求程度具有一致性特征；（3）主体职能匹配过程是基于满意度判断的双向决策行为。基于以上假设，提出如下算例分析。假设存在知识主体 S 集 = $\{S_1, S_2, S_3, \cdots, S_{10}\}$，共有 10 个作用主体，相对应的技术主体 D 集 = $\{D_1, D_2, D_3, \cdots, D_{15}\}$，共有 15 个作用主体，将两者自然配对可以形成 $10 \times 15$ 共 150 个匹配组合，实现双方满意度最大化。

第一，知识主体作为知识供给方、技术主体作为技术需求方，通过协同链接与对接机制的互动情况进行双向主体评价，双边匹配的评价矩阵，如表 4-1 所示。评级取值范围处于 [0, 10] 的闭区间内，数值越高说明对于对接主体的评价越高，越倾向于进行匹配对接。结合知识主体与技术主体之间的双边匹配构建双边匹配的评价矩阵。横轴是知识供给方，纵轴是知识需求方，两者评价情况通过集成记作评价组合（知识供给方评价，知识需求方评价）。

表 4 – 1　　　　　　　　　　　　双边匹配的评价矩阵

| 评价方 | $S_1$ | $S_2$ | $S_3$ | $S_4$ | $S_5$ | $S_6$ | $S_7$ | $S_8$ | $S_9$ | $S_{10}$ |
|---|---|---|---|---|---|---|---|---|---|---|
| $D_1$ | (5, 3) | (2, 1) | (6, 4) | (7, 8) | (2, 8) | (1, 4) | (2, 2) | (3, 1) | (4, 6) | (5, 1) |
| $D_2$ | (0, 8) | (2, 5) | (8, 0) | (0, 0) | (9, 6) | (7, 3) | (4, 3) | (5, 3) | (2, 3) | (4, 2) |
| $D_3$ | (9, 5) | (5, 4) | (5, 2) | (2, 3) | (4, 3) | (6, 9) | (6, 8) | (3, 6) | (3, 8) | (9, 1) |
| $D_4$ | (0, 5) | (8, 0) | (9, 9) | (7, 2) | (0, 5) | (2, 3) | (3, 0) | (6, 7) | (1, 5) | (7, 2) |
| $D_5$ | (1, 9) | (6, 3) | (4, 1) | (7, 8) | (7, 4) | (9, 1) | (0, 0) | (3, 0) | (6, 3) | (1, 4) |
| $D_6$ | (0, 2) | (7, 1) | (5, 8) | (4, 4) | (9, 0) | (6, 7) | (6, 1) | (8, 9) | (8, 9) | (5, 3) |
| $D_7$ | (1, 7) | (2, 7) | (8, 5) | (0, 9) | (4, 2) | (1, 3) | (9, 6) | (7, 7) | (5, 8) | (4, 9) |
| $D_8$ | (0, 7) | (6, 3) | (0, 9) | (0, 1) | (5, 1) | (0, 2) | (8, 7) | (8, 4) | (7, 5) | (1, 4) |
| $D_9$ | (6, 3) | (5, 5) | (9, 0) | (6, 2) | (8, 1) | (4, 4) | (4, 6) | (8, 4) | (0, 6) | (1, 1) |
| $D_{10}$ | (1, 5) | (3, 1) | (8, 4) | (8, 1) | (0, 2) | (3, 0) | (5, 4) | (4, 4) | (6, 5) | (6, 9) |
| $D_{11}$ | (2, 0) | (4, 6) | (0, 1) | (9, 1) | (1, 4) | (1, 1) | (3, 5) | (1, 3) | (4, 2) | (3, 9) |
| $D_{12}$ | (9, 0) | (9, 2) | (0, 9) | (7, 8) | (2, 3) | (0, 9) | (0, 9) | (9, 5) | (4, 3) | (9, 4) |
| $D_{13}$ | (3, 1) | (7, 6) | (6, 0) | (5, 5) | (6, 9) | (9, 9) | (1, 7) | (1, 5) | (9, 4) | (1, 1) |
| $D_{14}$ | (0, 7) | (5, 6) | (8, 7) | (6, 5) | (1, 9) | (3, 5) | (4, 1) | (9, 8) | (1, 2) | (8, 2) |
| $D_{15}$ | (6, 9) | (3, 7) | (1, 8) | (4, 1) | (4, 4) | (1, 0) | (5, 6) | (2, 7) | (3, 8) | (5, 4) |

资料来源：笔者根据供给方和需求方双边评价的算例假设构建整理而得。

第二，根据式（4 – 1）、式（4 – 2）计算知识主体与技术主体匹配的满意度，并结合市场导向在三个维度的作用内涵，利用式（4 – 3）～式（4 – 6）对满意度进行有效撮合，优化双边匹配的对接结构。需要强调的是，市场导向作用不同维度下需求方的撮合因子和供给方的撮合因子存在差异，需要利用公式分别计算，然后，利用矩阵加权求和的方式得到总因子，对满意度进行修正，从而得到双边匹配的满意度矩阵，如表 4 – 2 所示。形成双边匹配的满意度矩阵后，需要结合匹配评价阈值构建双边匹配矩阵的象限分布，对匹配组合进行初步筛选。双边匹配的满意度低于匹配评价阈值的组合已从满意度矩阵中剔除，用"—"符号表示。通过满意度初步筛选，高于匹配评价阈值的双边匹配组合数，从未嵌入市场导向作用的 31 个提升至 52 个，以 52 个匹配组合作为候选匹配进行下一阶段的优化决策，如表 4 – 2 所示。

表 4 - 2

双边匹配的满意度矩阵

| 评价方 | $S_1$ | $S_2$ | $S_3$ | $S_4$ | $S_5$ | $S_6$ | $S_7$ | $S_8$ | $S_9$ | $S_{10}$ |
|---|---|---|---|---|---|---|---|---|---|---|
| $D_1$ | — | — | 0.68, 0.45 | 0.81, 0.92 | — | — | — | — | 0.45, 0.68 | — |
| $D_2$ | — | — | — | — | 1, 0.69 | — | — | — | — | — |
| $D_3$ | 1.00, 0.58 | 0.57, 0.45 | — | — | — | 0.69, 1.00 | 0.69, 0.91 | — | — | — |
| $D_4$ | — | — | 1.00, 1.00 | — | — | — | — | 0.69, 0.80 | — | — |
| $D_5$ | — | — | — | 0.81, 0.91 | 0.79, 0.45 | — | — | — | — | — |
| $D_6$ | — | — | 0.58, 0.91 | 0.45, 0.45 | — | 0.68, 0.80 | 0.67, 0.11 | 0.92, 1.00 | 0.92, 1.00 | — |
| $D_7$ | — | — | 0.91, 0.58 | — | — | — | 1.00, 0.69 | 0.80, 0.80 | 0.58, 0.91 | 0.45, 1.00 |
| $D_8$ | — | — | — | — | — | — | 0.92, 0.81 | 0.90, 0.45 | 0.79, 0.57 | — |
| $D_9$ | — | 0.58, 0.57 | — | — | — | 0.45, 0.45 | 0.45, 0.68 | 0.91, 0.45 | — | — |
| $D_{10}$ | — | — | 0.91, 0.45 | — | — | — | 0.57, 0.45 | 0.45, 0.45 | 0.68, 0.57 | 0.69, 1.00 |
| $D_{11}$ | — | 0.45, 0.68 | — | — | — | — | — | — | — | — |
| $D_{12}$ | — | — | — | 0.81, 0.91 | — | 0.45, 1.00 | — | 1.00, 0.58 | — | 1.00, 0.45 |
| $D_{13}$ | — | 0.80, 0.69 | — | 0.57, 0.57 | 0.69, 1.00 | 0.69, 1.00 | — | — | — | — |
| $D_{14}$ | — | 0.57, 0.68 | 0.91, 0.80 | 0.68, 0.57 | — | — | — | 1.00, 0.92 | — | — |
| $D_{15}$ | 0.69, 1.00 | 0.57, 0.68 | — | — | 0.45, 0.45 | — | 0.57, 0.69 | — | — | 0.57, 0.45 |

注:"—"表示按照等级剔除满意度较低的匹配对。

资料来源:笔者根据双边匹配的评价矩阵,利用前文匹配满意度的计算公式测算整理而得。

第三，根据满意度匹配结果进行优化决策，利用隶属度目标函数，实现双边匹配的满意度最大化。依据式（4-9）~式（4-11），通过计算得到，在市场导向作用下，知识主体和技术主体的双边匹配结果共10组，记作 $S_1 \& D_{15}$、$S_2 \& D_{13}$、$S_3 \& D_4$、$S_4 \& D_5$、$S_5 \& D_2$、$S_6 \& D_3$、$S_7 \& D_8$、$S_8 \& D_{14}$、$S_9 \& D_6$、$S_{10} \& D_{10}$，即知识供给方1与知识需求方15进行双边匹配，能够实现基于市场导向作用下知识主体满意度和技术主体满意度的最大化，其他双边匹配对接情况类似。

对比分析，将市场导向作用嵌入知识主体和技术主体的对接过程中，能有效地实现主体协同行为的深度匹配。双边匹配矩阵的象限分布能充分反映匹配组合的分布情况，并结合匹配评价阈值对匹配组合进行初步筛选，双边匹配矩阵的象限分布，见图4-4。其中，第三象限属于知识主体和技术主体双边评价都较低的组合，第二象限和第四象限属于单边评价较高的组合，例如，知识主体倾向与技术主体进行组合，而技术主体却对知识主体的满意度评价较低。这一情况属于单向匹配倾向，总满意度相对较低。只有第一象限中的组合分布，是满足匹配评价阈值筛选后的双边匹配组合。从算例中的双边匹配矩阵的象限分布情况可以看出，嵌入了市场导向撮合机制的双边匹配能有效提高知识主体和技术主体在协同过程中的匹配成功率。不仅在第一象限的分布数量明显增加，而且，分布范围也更靠近匹配满意度较高的区间。因为双边匹配的满意度取值范围为 $[0, 1]$ 的闭区间，所以，溢出部分统一用最大值计入。

由此可见，用户需求维度的市场导向作用能有效地促进知识流动信息在知识供需过程中显性化，通过知识主体和技术主体结合满意度判断需求分析，从用户需求角度对匹配情况进行撮合，实现主体协同。而在竞争驱动维度，通过横向和纵向的主体评价信息，能充分体现不同匹配组合中主体之间的竞争优势，通过竞争优势分析优化资源流动路径，实现资源有效配置，提升协同主体对接过程的满意度及协同主体双边匹配的效率。职能协同度体现了作用主体在匹配过程中的协同优势，职能协同度越高的作用主体，越有利于实现基于满意度判断的双边匹配。以职能协同度为基础进行匹配决策优化，也会使知识主体和技术主体的满意度有所提升。基于此，结合市场导向作用维度的内涵，根据满意度计算的双边匹配矩阵的象限分布情况，证明了市场导向对多主体协同行为的正向激励，体现了双边匹配动态优化的作用优势。

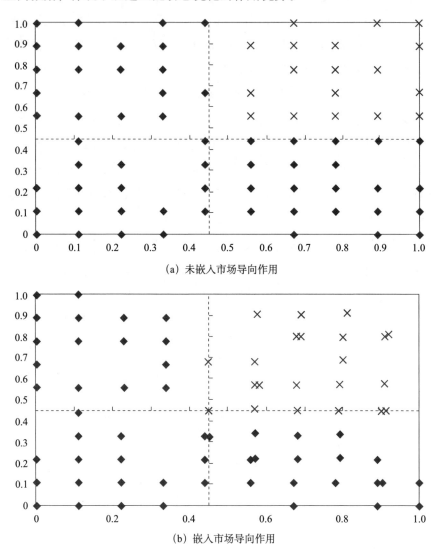

（a）未嵌入市场导向作用

（b）嵌入市场导向作用

**图4－4　双边匹配矩阵的象限分布**

资料来源：笔者根据供给方和需求方双边匹配满意度矩阵的象限分布，利用 Excel 软件绘制而得。

双边匹配满意度比较，见图4-5，嵌入市场导向作用后的主体双边匹配满意度水平，明显高于未嵌入市场导向作用的主体双边匹配满意度水平，即结合市场导向作用的双边匹配过程，在知识主体和技术主体协同机制构建时能提高匹配组合的双向满意程度，从而实现多主体协同行为中知识链和技术链的有效协同。由图4-5可以看出，最终得到的匹配组合的嵌入市场导向作用的最优匹配满意度水平明显优于未嵌入市场导向作用和嵌入市场导向作用的平均满意度水平。这充分证明了基于市场导向作用的主体双边匹配过程，能够实现作用主体两两之间协同行为的动态优化。

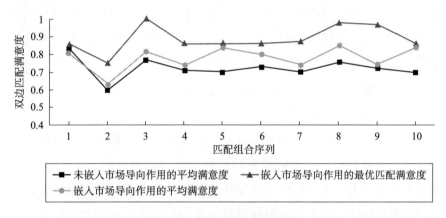

**图4-5　双边匹配满意度比较**

资料来源：笔者根据嵌入市场导向作用前后供给方和需求方双边匹配满意度的比较分析绘制而得。

# 本章小结

本章通过动态优化的双边匹配决策，以知识主体和技术主体的匹配对接过程为代表，描述了多主体协同行为中两个主体之间协同路径的构建过程。同时，将市场导向从三个作用维度进行撮合，对知识供给主体和知识需求主体在匹配决策中的满意度水平产生正向激励，有效促进主体匹配过程从简单合作向深度协同转化，在作用主体两两协同行为过程中实现最优化双边匹配。通过动态优化决策，可以得到以下三个结论。

第一，市场导向对多主体协同行为中两个主体协同的职能匹配过程形成正向撮合机制。基于用户需求的主体评价，直接反映创新资源在作用主体之间转移时与知识供给方和知识需求方的双边匹配度存在正相关关系。竞争驱动维度能在主体匹配时形成比较效应和选择效应，使两个主体协同路径的构建以竞争优势为基础，保障协同行为中链接机制的互动效率。职能协同是作用主体与对接主体之间存在的可能性配对，为最优化的双边匹配选择提供决策基础。通过双方职能对接过程中知识供给方和知识需求方的满意度最大化过程，形成协同主体双边匹配的最优化组合。研究表明，嵌入了市场导向作用的双边匹配决策，能明显提升匹配双方的满意度，对知识主体和技术主体在不同链接机制深度互动的协同效率具有显著促进作用。

第二，两个主体的职能对接过程，作为多主体协同行为形成的第一个环节，可以抽象为基于链接机制延伸的双边匹配过程。以技术主体、知识主体、供需双边匹配的三阶段决策分析法为基础，嵌入市场导向作用进行模型优化，实现外部市场激励与作用职能两两协同对接的动态互动，从提高作用主体双边匹配满意度的角度，增加多元链接机制在主体职能对接过程中的协同性。通过主体评价矩阵形成知识供需双方的自然配对组合，根据嵌入市场导向作用机制的满意度计算和匹配评价阈值，形成初步筛选，结合优化决策的满意度最大化过程达到最佳匹配，以此实现两个主体职能协同的有效性。

第三，多主体协同在两个作用主体实现协调互动的过程中，不仅是内部协同机制构建和外部环境激励共同作用的结果，而且，是协同主体双边双向作用与反馈的集成。要提高链接机制对接上游主体的职能效率，需要与下游主体形成联通。同时，要结合下游职能发挥的具体情况，对上游主体进行动态反馈。这一双向过程的缺失是主体职能协同度不足的主要原因。另外，知识主体与技术主体的双边匹配过程，仅涉及知识链与技术链的互动，与资本链的协同效应相对较小，这从源头上对多主体协同结合市场并提升技术创新成果转化能力产生了一定程度的挤出效应。将外部市场导向作用与协同主体对接的满意度相联系，既能实现外部市场激励产生的撮合效应，适时构建知识、技术与资本的三位一体化，也能通过目标分析、对接评价和优化决策等环节，形成对接主体职能的深度匹配。

# 第5章　市场导向的多主体协同创新系统动力机制

多主体协同创新系统动力机制是指，异质主体通过职能对接，形成具有动力学特征的系统闭合回路，即知识主体、技术主体、资本主体等在双边匹配基础上的衍生链接机制，构建从知识创造到技术应用、通过市场转化形成创新绩效、实现创新资本投入支撑知识创新的作用体系，形成具有完整特征的系统闭合回路。同时，结合市场导向作用维度，将基于用户需求的战略目标分析反馈路径、基于竞争驱动的收益分配反馈路径、基于职能协同的技术知识反向反馈路径嵌入多主体协同的作用系统，对市场导向下多主体协同创新的演化过程、长期与短期的作用趋势以及动力学特征展开分析。

## 5.1　市场导向下多主体协同创新的路径分析

### 5.1.1　多主体协同创新路径分析

多主体协同创新路径，是通过各个主体职能的有效对接，形成完整循环路径的作用系统。系统动力特征不仅体现在不同链接机制的有效对接，而且，体现在具有系统调整的自组织优化能力。相关路径的构建，通过作用过程对接、作用路径对接和作用机制对接完成。作用过程对接实现了主体职能层面的互动和协同，作用路径对接重点体现了主体作用效果之间的动态调整，作用机制对接强调了不同链接机制的联系与集成。从而基于过程、路径和机制的共同作用，形成了多主体协同行为。

多主体协同创新的职能对接过程，主要表现在三个层面。（1）作用过程对接，通过政策主体与知识主体的交互作用，将战略目标体系分析和知识主体资源整合联系起来。借助高校和科研院所的知识资源整合和产业需求层面的目标分析，提升创新资本等资源投入与需求的匹配程度，从而弱化主体间的对接壁垒。（2）作用路径对接，知识主体的作用路径主要集中在理论研究、知识供给、应用研究和工程试验等，而技术主体的作用路径包含产业链条延伸、产业结构调整和产业技术升级等。将知识主体与技术主体利用产业创新平台实现路径联通，同时，在知识主体和政策主体内部建立自下而上的作用路径，产生基于协同过程的动态调整效应，优化对接效果。（3）作用机制对接，知识主体的主要作用，在于建立知识生产、知识创造、知识扩散的链接路径；而技术主体的目标，在于提高技术创新能力以促进技术成果转化。机制层面的对接，主要表现在知识链接路径与技术链接路径的转化与互动。另外，系统对接的动态性，还表现为以政府为政策主体的战略导向，结合产业发展催生知识需求，知识主体通过基础知识研发，构建知识理论体系，知识载体间的需求缺口引发知识从高校等知识主体向企业等技术主体转移和流动，进而以企业为代表的知识应用主体推动了知识的技术化转变，在实践过程中完成再创新，以实现技术创新成果转化。

## 5.1.2　市场导向路径分析

结合市场导向的作用维度，从用户需求、竞争驱动和职能协同三个层面构建基于市场导向的多主体协同作用路径。用户需求通过市场需求空间与市场需求缺口形成了市场导向作用，与技术创新成果转化能力直接相关。基于系统层面构建的反馈路径表现在，通过政府战略导向作用与产业发展需求互动的路径反馈，加强市场需求与技术创新成果之间的匹配程度，使多主体协同的技术创新过程更好地适应市场需要。竞争驱动通过创新资源补给与竞争优势相联系的市场导向作用，实现分配机制与竞争优势的双向协同，而产业技术创新成果中利益分配的反馈路径缺失，会减弱主体间合作的正向激励与合作意愿。职能协同则强调了技术主体与知识主体的反向互动，产业技术应用主体和高校知识创造主体间的反馈路径，实现知识更新与技术应用的有效协同。而结合知识到技术的转化过程，要实现多主体协同和市场导向作用的发挥，需要在多主体协同对接过程中，嵌入产业市场需求的战略导向作用，从知识创新的源头提升成果转化能力；嵌入学术界与产业界的知识技术反馈路径，形成知识生产与技术创新间的双向推动作用；嵌入产业成果转化后利益分配的共享机制，产生多元主体创新驱动参与的正向激励。

市场导向的动态反馈路径，如图5-1所示，表现为，以政府为主体的政策导向结合目标需求催生知识创新，知识主体通过基础知识研发构建知识更新系统。企业作为技术主体，起到了需求缺口引发知识转移和知识流动的载体作用，结合应用过程中的知识链和技术链进行有效对接。以企业为代表的应用主体在实践过程中完成再创新，推动了技术创新成果的有机转化。在此过程中，涉及知识资源、市场资源与资本投入的主体间配置过程。因此，要发挥多元导向下多主体协同的系统驱动力，需要在作用机制中嵌入基于市场资源的导向作用，产生从知识创新源头到创新成果转化的需求拉动效应。多主体协同行为中关于市场导向的多元反馈机制主要有三个层面：（1）用户需求反馈：将目标体系分析和资源整合有机联系起来，提高资源需求与应用的匹配度；（2）竞争驱动反馈：集成市场需求进行战略导向，结合成果转化进行知识转移，实现收益共享强化主体合作；（3）职能协同反馈：将知识生产主体与技术创新主体的作用过程动态对接，并利用反馈路径进行优化调整。

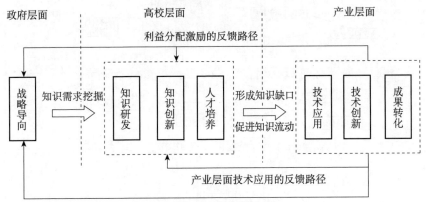

**图 5 – 1 市场导向的动态反馈路径**

资料来源：笔者根据对市场导向的动态反馈路径的理解绘制而得。

## 5.1.3 因果关系与共演过程分析

多主体协同创新的因果关系，如图 5 – 2 所示。图 5 – 2 结合知识链与技术链、多元主体协同和市场导向反馈路径嵌入的系统作用机制构建，体现了动态描述系统无缝对接的演化过程。因果关系可以概括为：（1）产业战略分析（目标需求）—知识主体（高校知识集成量—高校知识创新量—知识更新）+技术主体—知识缺口—主体间知识转移与知识流动；（2）技术主体（知识转移阈值—对接意愿、知识相似度、预期收益、知识转移难度）[1] —知识转移—知识链与技术链的系统对接—技术应用（技术研发、技术集成）—技术转化—知识需求反馈—知识主体；（3）创新收益分配—对接程度和效率—竞争优势匹配—成果转化（主体合作频次与信息深度共享）—创新绩效（创新收益）。[2]

---

[1] 因果关系仅仅反映了多主体协同创新的演化过程，与图 5 – 2 不存在严格的对应关系。

[2] 合作意愿知识相似度、预期收益、转移难度等，都是影响知识转移的主要因素。在这些因素的共同作用下，当技术主体之间达到实现知识转移最低阈值时，知识转移就会发生。

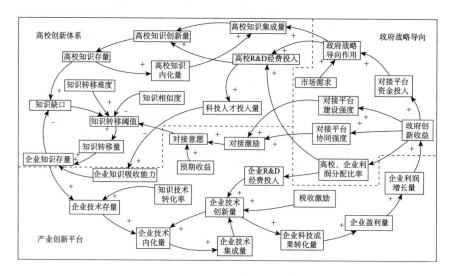

**图 5 - 2 多主体协同创新的因果关系**

注：为了模型构建需要，将高校创新体系代表知识主体，政府战略导向代表政策主体，产业创新平台代表技术主体，实现与后文模型构建的统一。

资料来源：笔者根据对多主体协同作用路径中因果关系的刻画与描述，利用 VENSIM-PLE 软件绘制而得。

市场导向下多主体协同的共演过程可以描述为：（1）知识生产阶段：高校创新体系通过知识集成、知识创新、知识更新等过程进行高校知识存量的积累，形成知识缺口，为高校与企业间的知识转移奠定基础；（2）知识转移阶段：知识路径受到知识转移阈值的控制，当知识转移量达到阈值要求时，知识转移量由知识缺口与对接意愿共同决定；（3）知识技术转化与对接阶段：企业实现对高校转移的知识进行技术转化，通过企业技术研发和技术集成、技术创新等过程实现技术存量积累，提升产业创新平台的创新能力；（4）技术创新与成果转化阶段：企业根据产业创新战略激励与市场需要，利用知识技术积累深化技术创新，同时，结合多元主体的角色与定位进行收益分配；（5）市场导向阶段：通过创新收益的分配和对接平台建设的投入，政府对高校创新体系与产业平台的对接程度和对接效率进行调整。结合市场需求分析，建立对高校知识集成过程、产业需求分析方面的反馈路径。

# 5.2　市场导向下多主体协同创新的动力学模型构建

## 5.2.1　研究方法与模型构建

市场导向下多主体协同创新是一个复杂的动态过程，不仅涉及多主体间的多重作用路径，而且，包括研究的需要，构建正向作用与反馈作用的双向协同效应。因此，该过程的动力机制分析要从系统视角入手，对集成市场导向作用的政策主体的战略导向、知识主体的知识创新、技术主体的技术转化等过程进行整体描述。系统动力学（system dynamics）是结合路径反馈、控制模拟与定量分析的系统研究方法（张治河等，2014）。该方法既能厘清作用主体间的要素关系，又能反映协同创新效果的动态变化。本章将从市场导向下多主体协同行为出发，利用多元主体的作用机制并嵌入反馈激励构建系统动力学模型，对该过程进行模拟与仿真，从而为提升成果转化能力提供理论支撑。

对于模型构建提出 4 个基本假设：（1）在多元动态反馈下，多主体协同行为和市场导向作用的双向对接，具有多主体协同互动作用的非线性系统特性；（2）高校作为知识主体的代表，其知识创新能力高于企业，以知识流动和转移、人力资本的社会化输入等形式，向企业扩散；（3）知识链与技术链的对接是以企业为服务载体，更注重技术转化的实践过程，其技术创新能力更强；（4）政府层面作用的发挥是以市场导向作用为基础的，集成了产业发展的市场诉求和现实情况，从而能更有效地促进技术创新成果转化。

多主体协同的系统动力学流程，如图 5-3 所示，共涉及 35 个变量，其中，状态变量（L）3 个、速率变量（R）4 个、辅助变量（A）22 个、参数常量（C）6 个，模型的构建与共演过程的四个阶段相对应。关于系统动力学模型的函数填充，需要说明的是，高校创新体系作为知识主体的代表，通过以高校为平台的知识存量在知识集成、知识创新（设定为知识流入途径）、知识更新（伴随有知识淘汰途径）的循环过程中进行知识存量积累。其中，知识集成过程是由高校研发（R&D）经费投入和政府战略导向强度进行双向驱动的。而知识集成到知识创新的过程，因为考虑到高校平台通过研发、实验过程、交叉学科知识融合与体系构建等知识学习过程，所以，具有延迟特性。故而在函数的设置上采用一阶延迟函数刻画，延迟期为一季度，知识创新初始水平值设置为0。

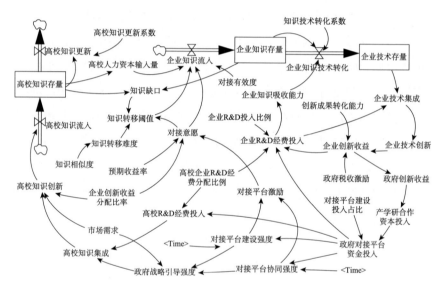

**图 5 - 3　多主体协同的系统动力学模型**

资料来源：笔者参考江俊桦，施琴芬，于娱．产学研合作中知识转移的系统动力学建模与仿真［J］．情报科学，2014，32（8）：50 - 55；陈力田，许庆瑞，吴志岩．战略构想、创新搜寻与技术创新能力演化——基于系统动力学的理论建模与仿真研究［J］．系统工程理论与实践，2014，34（7）：1705 - 1719 等文献，构建多主体协同的系统动力学模型，利用 VEN-SIM-PLE 软件绘制而得。

产业创新平台作为技术主体的代表，其主要职能是完成高校知识转移、知识技术转化，通过多主体协同实现技术创新，提升创新收益等。

这一过程涉及知识承接和技术转化两个阶段，因此，分别用企业知识存量和企业技术存量两个状态变量表示从高校转移的知识流入、企业内生性知识技术化、技术创新等过程。而企业技术集成和技术创新是将企业原有知识与技术和高校转移知识有机结合，在市场需求和企业创新研发能力作用下，实现创新驱动的复杂过程，包括技术研发、技术试错、技术学习和技术扩散等过程，故而采用一阶延迟函数进行过程刻画，函数的延迟期设置为两季度，技术创新初始值设置为 0。

政府战略导向作为政策主体的代表，是推动多元主体协同，将市场导向作用与技术创新过程切实对接的外部因素。主要通过对接平台建设强度和对接平台协同强度实现对接平台激励，促进高校知识向相关产业转移。其中，对接平台建设强度和对接平台协同强度，运用表函数描述的一次线性函数线段表示对接平台发展不同阶段侧重性转化。多主体协同初期，政府资本投入主要针对对接平台建设，而多主体协同后期，资本支出主要服务于对接平台协同的维护。因此，对接平台建设和对接平台协同的一次线性函数，具有此消彼长的趋势特征。知识转移过程利用知识缺口、知识转移意愿、知识转移阈值描述。知识缺口利用主体知识存量作比的方法描述（便于嵌入其他函数），知识转移意愿由企业创新收益分配比率、知识转移难度、对接平台激励、知识相似度和转移预期收益率共同决定。知识转移阈值仿真方程说明，当知识转移意愿和知识缺口共同作用的阈值大于 0.7 时，发生知识转移；否则，不发生知识转移。

主体反馈路径是提升系统自组织特性的关键，通过市场—产业—战略、战略—高校—产业、产业—高校等不同主体间反馈变量的设置，实现系统优化。利用 RANDOM 随机分布函数在 [−1，1] 区间内取值，分别对应市场需求与技术创新产品价值提供的匹配程度，通过不需求、较不需求、没有作用、较需求、需求五个层次进行刻画，而企业创新收益分配比率也利用 RANDOM 随机分布函数在（0，1）范围内取值。

结合知识链与技术链、战略导向与主体协同、多元反馈路径的系统作用，该模型将动态刻画市场导向下多主体协同的系统动力机制，系统动力模型的相关函数，如表 5 - 1 所示。

**表 5 - 1** 　　　　　　　　　　**系统动力模型的相关函数**

| 阶段 | | 主要模型函数 |
|---|---|---|
| 知识创新主体转移 | L | 高校知识存量 = INTEG（高校知识流入 - 高校知识更新，300）+ 高校知识存量 |
| | R | 高校知识更新 = 高校知识存量×高校知识更新系数 |
| | A | 高校知识创新 = DELAY1（高校知识集成×市场需求×（1 + 企业创新收益分配比率），3，0） |
| | C | 高校知识更新系数 = 0.10 |
| 知识技术动态对接 | L | 企业知识存量 = INTEG（企业知识流入 - 企业知识技术转化，20）+ 企业知识存量 |
| | R | 企业知识流入 = 高校人力资本输入量×知识转移阈值×对接意愿×对接有效度 |
| | A | 知识转移阈值 = IF THEN ELSE（对接意愿/（（1 - 知识缺口）×知识转移难度）≤0.7，知识缺口×对接意愿，0.7） |
| | A | 对接平台激励 = 对接平台协同强度×对接平台协同强度/（对接平台协同强度 + 对接平台建设强度） |
| 技术创新成果转化 | L | 企业知识技术存量 = INTEG（企业知识技术转化 + 企业技术转化，0） |
| | A | 企业技术集成 = DELAY1（企业技术存量，6，0）+ LN（企业 R&D 经费投入） |
| | R | 企业知识技术转化 = 企业知识存量×知识技术转化系数×企业知识吸收能力 |
| | A | 企业技术创新 = DELAY1（企业技术集成，6，0） |
| 战略导向政策驱动 | A | 对接平台建设强度 = LN（政府对接平台建设资金投入）×WITH LOOKUP（TIME，（［（0，1）- （100，0）］），（0，0.7），（100，0.2）） |
| | A | 对接平台协同强度 = LN（政府对接平台建设资金投入）×WITH LOOKUP（TIME，（［（0，0）- （100，1）］），（0，0.2），（100，0.7）） |
| | A | 市场需求 = RANDOM（-1，1，0） |
| | A | 政府战略引导强度 = 市场需求×对接平台建设强度×对接平台协同强度 |

资料来源：笔者根据市场导向下多主体协同的作用机制对相关函数进行设定、选择整理而得。

## 5.2.2　模拟仿真

本书利用 VENSIM-PLE 软件构建市场导向下多元主体协同的系统动力学模型，模拟期限分别设定为 50 个月和 100 个月，进行短期趋势分析和长期趋势分析；高校知识存量初始值设置为 300，企业知识存量初始值设置为 20，政府税收激励初始值设置为 50 万元。在仿真过程中，DT = 1 月，涉及的科研经费投入单位统一为万元，知识存量与技术存量单位设定为量（unit）。

### 5.2.2.1　动力学演化特性

通过系统动力学的模拟仿真可以看出，主要变量的趋势变动与演化规律，结合变量趋势分析能够判断系统模拟情况与实际情况是否一致。本章选取高校知识存量、企业知识存量作为知识转移过程的表征变量，企业技术存量与企业创新收益作为知识技术转化过程的表征变量，对接平台激励和政府对接平台资金投入作为高校产业对接实现过程的表征变量，进行动力学演化特性分析，同时，演化特征是否与现实情况一致，也可以作为有效性的理论检验。动力学演化特性 I，如图 5-4 所示。

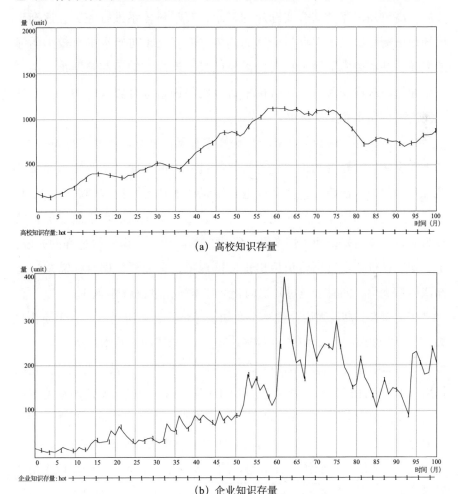

(a) 高校知识存量

(b) 企业知识存量

**图 5-4　动力学演化特性 I**

资料来源：笔者通过多主体协同系统动力学模型的仿真分析，运用 VENSIM-PLE 软件绘制而得。

图 5 - 4 显示了市场导向下多主体协同中，知识主体知识存量和技术主体知识存量的系统仿真结果。在知识转移过程中，高校知识存量和企业知识存量呈现较为明显的倒"U"形趋势。随着高校知识创新的实现过程，高校知识存量不断提升，从知识水平低位逐渐向高位跃迁，并且，在跃迁过程中伴随着小幅振荡，这与知识积累过程中研发、集成、创新的动态学习特征基本一致。随着创新知识流入，高校知识存量跃迁到高位后，高校知识存量结合实际应用需求，对学科体系进行完善，逐渐形成知识更新而出现知识存量回落的趋势，但相比于初始水平有较为明显的提升，基本完成了知识积累的高位跃迁。当高校知识存量增加、高校和企业知识缺口变大时，在对接平台激励等因素综合影响的情况下，知识便由高校向企业发生转移。

企业知识存量的变化趋势与高校知识存量的变化趋势基本保持一致，基于知识缺口的高校知识向企业转移的过程，也表现出企业知识存量从低位向高位的跃迁趋势，为企业进行知识技术转化与技术创新奠定了基础。通过企业知识存量的演化趋势可以看出，企业知识存量曲线的振荡较为明显，是由知识外生性变量特征决定的。随着知识转移过程的完成，企业知识存量会在达到峰值后出现回落现象，企业要根据目标需求进行知识体系优化，同时，通过知识内化为技术转化过程做好准备。

相较而言，高校知识存量和企业知识存量具有相协同的动力学演化趋势，两者在知识积累、内化、更新等过程中的趋势曲线基本一致。倒"U"形特征的周期性较为直观地反映了主体协同过程中，知识从吸收到内化的作用过程，因此，具有回落趋势。不同的是，第一，趋势振荡的程度有所不同。高校知识主体对于知识的生命周期更强调体系完整性，存在新知识与原有知识的集成与延伸，故而具有明显的黏滞性，振荡趋势相对平缓。企业技术主体仅以知识作为技术创新的重要基础，因此，对于知识应用的敏感性更强，故而振荡程度更大。第二，动力学演化特性的倒"U"形起点位置有所不同。高校知识主体是多主体协同实现技术创新的起点，因此，其知识存量的跃迁位置相对靠前。而企业作为知识转移的受体，知识存量

的变化趋势是在高校知识学习和技术主体知识加工之后体现的，因此，倒
"U" 形作用趋势具有一定的滞后性。

　　知识技术转化过程是通过多主体协同职能对接和优势集成，实现创
新收益的作用过程，主要用于刻画技术链接机制与收益链接机制的系统
对接过程。动力学演化特性Ⅱ，如图 5-5 所示。通过模拟仿真可以看
出，企业创新收益与企业技术存量均呈现明显的内凸性稳定单调增长趋
势。企业在完成知识技术转化后，伴随技术研发、技术集成、技术创新

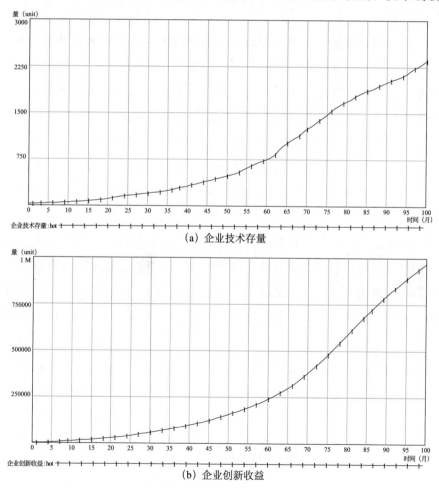

（a）企业技术存量

（b）企业创新收益

**图 5-5　动力学演化特性Ⅱ**

资料来源：笔者通过多主体协同系统动力学模型的演化分析，运用 VENSIM-PLE 软件绘制而得。

等过程，企业技术存量水平稳定增长。技术转移初期，企业技术存量增长趋势较为缓慢，企业创新收益效应不明显。但随着知识转移与知识内化达到一定程度，企业技术研发与创新水平显著提升，企业技术存量积累增长速度明显增强。当技术创新能力提升到一定程度时，企业技术存量的上升幅度逐渐变缓，这是知识实现技术转化后，使得技术存量的推动作用充分发挥。虽然伴随小幅振荡和阶段性特征，但企业技术存量的动力学趋势基本上呈现从低位向高位跃迁的技术存量变化过程，具有一定的平缓"S"形特征。

企业创新收益是说明企业通过技术创新实现盈利能力提升的变量，不仅反映了企业技术创新成果的市场转化能力，而且，是通过创新收益产生次循环创新投入的基本来源。由图5－5（b）可以看出，随着技术创新成果转化，企业创新收益呈现明显增长趋势。而在技术创新初期，增长速度较为缓慢，随着技术创新过程的不断深入，创新收益的增长速度显著提升，具有明显的边际递增效应。技术创新后期，创新收益的动力学增长趋势逐渐平缓。与企业技术存量的变化趋势基本一致，为具有阶段性特征的"S"形演化特征。

通过企业技术存量和企业创新收益的动力学演化趋势可以看出，技术创新能力与技术创新成果转化产生的创新收益能力具有较为明显的协同特征，作用趋势都呈现平缓的"S"形曲线特征，且伴随一定阶段特征，即存在先增长、后下降的边际效应。对比而言，一方面，技术存量相对于知识存量更为稳定，技术存量能较为明显地实现低位向高位的跃迁，技术更新与技术淘汰造成的回落量更小。因此，将知识链接机制与技术链接机制对接是保持技术创新优势、提升技术创新转化能力的关键。另一方面，企业创新收益变动趋势基本上与企业技术存量的变化趋势保持一致，且增长幅度、趋势更为明显。企业技术存量动力趋势的阶段性更为明显，具有知识技术转化和技术内化等作用过程。而企业创新收益不仅能通过技术链接机制和资本链接机制的衔接，在市场转化中产生更明显的驱动能力，对企业技术存量的跃迁程度进行放大，而且，企业创新收益的增长趋势也更为平滑。

政府对接平台资金投入和对接平台激励，是政府通过市场导向作用，构建基于用户层面、竞争驱动和职能协同等反馈路径，结合需求目标形成的资本流动路径以及多主体协同的系统驱动效应，动力学演化特性Ⅲ，如图5-6所示。在知识主体和技术主体的对接实现过程中政府对接平台资金投入和对接平台激励呈现稳定增长趋势。政府对接平台资金投入，是利用资金投入推动市场导向对多主体协同的作用过程。通过模拟仿真可以看出，与对接平台激励有所差异的是，政府对接平台的资金投入动力学演化趋势具有分阶段的平滑"S"形演化特征，即仿真初期边际增长效应较小，随着市场导向与政策激励作用的深入，边际增长呈现逐渐增大后渐渐减小的作用趋势。这是在作用初期，利用资本投入发挥系统主体协同驱动作用，需要考虑主体协同成本、系统自组织作用路径构建等方面，因此，动力学增长趋势不明显。但随着资本流动轨迹的不断完善与系统协同路径的构建，资本投入从低位向高位跃迁时，虽然资本投入量基本不发生变化，但是多主体协同系统也具有稳定的创新驱动能力。

对接平台激励的作用基本上呈现类似一次函数的稳定增长趋势，说明集成了市场导向作用优势的政策激励，能产生促进多主体协同行为的稳定推动力，充分实现知识转移与技术需求保持协同、技术供给与市场空间保持协同、资源配给与竞争优势保持协同。市场导向与政策激励能促进多主体协同的优势集成，多主体协同又能进一步加强市场导向作用和政策激励的正向推动效应，具有双向拉动效应。对接平台激励既能减少外界不同主体行为的振荡干扰，又能稳步推进高校与产业对接的实现。

通过对比分析，对接平台资金投入与对接平台激励作用之间具有相对一致的变化趋势，可见，通过异质主体的职能对接，能够形成市场导向、政策激励和多主体协同行为之间的协同效应。值得注意的是，资金投入最终实现从低位向高位跃迁，保持相对稳定趋势时，对接平台激励作用的动力学特征仍呈线性增长趋势，可见，基于资金投入的政策激励能够产生稳定的系统自组织协同优化效应。模型建立过程中，建立了企业技术创新收益与政府创新收益、政府创新收益与高校、产业对接平台建设强度之间的反馈路径，因此，集成了市场导向的政府作用，在对接平台建设资金投入上与企业创新收益增长趋势较为一致。这说明，政府在对接过程中角色职能的作用发挥与高校、企业基本上保持协同，呈现出随着创新收益增加，政府对接平台建设力度不断加大的良性循环作用回路。政府对接平台资金投入在完成平台建设和平台协同过程后，能够产生稳定长效的对接平台激励。

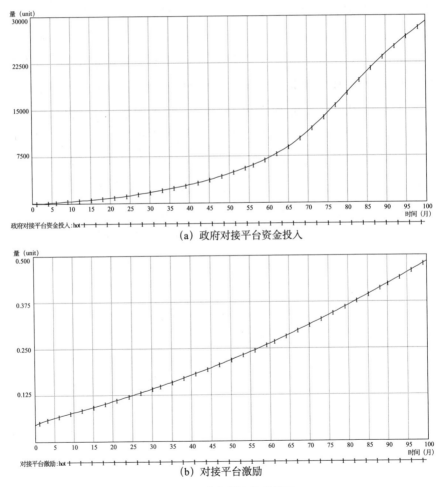

（a）政府对接平台资金投入

（b）对接平台激励

**图 5-6　动力学演化特性Ⅲ**

资料来源：笔者通过多主体协同系统动力学模型的演化分析，运用 VENSIM-PLE 软件绘制而得。

通过模拟仿真结果，构建的系统动力学模型在路径刻画上与理论设想和实际情况基本上保持一致。其运行结果能较好地反映高校知识存量、企业知识存量等变量的动力学特征，与实际情况的演化规律相符，因此，能够作为基于市场导向的多主体协同行为系统对接过程的分析载体。

### 5.2.2.2　动力学趋势分析

本书利用 VENSIM-PLE 软件系统，搭建高校创新体系与产业创新战略对接系统动力学模型，完成模型的路径模拟与仿真。模拟期限分别设定为 50 个月和 100 个月，进行短期趋势分析和长期趋势分析。高校知识存量初始值设置为 300，企业知识存量初始值设置为 20，政府税收激励为 50 万元。仿真过程中 DT = 1 期，涉及的科研经费投入单位统一为万元，知识存量与技术存量单位设定为量（unit）。

市场导向下多主体协同创新的演化趋势对比，如图 5 – 7 所示，当 DT = 1 ~ 50 期时（短期趋势分析）时，高校知识存量、企业知识存量、企业技术存量都具有稳定的增长趋势，其中，高校知识存量呈现出周期性"U"形平台跃迁式增长趋势，企业知识存量呈现显著波动特征，但波动包络线具有平台性阶跃式的增长趋势，企业技术存量具有稳定的线性增长趋势。通过对比分析可以看出，知识主体的知识存量水平明显高于企业，且在知识创新过程中存量水平呈稳步提升趋势。其演化趋势的周期性反映了知识创新过程，基本符合知识接受、知识学习、知识内化、知识积累的阶段特征。当完成一次知识转移时，知识存量水平便会实现从低位到高位的跃迁。企业知识存量，反映了知识主体与技术主体的协同程度。通过演化趋势可以看出，企业知识变化的波动幅度较大，这与技术主体对于知识敏感的程度和管理方式有关。在知识转移过程初期，因为知识从高校向企业转移时存在一定的主体边界壁垒，具有延迟效应，所以，企业知识存量呈现先下降、后平稳，进而波动增长的趋势。从整体趋势上看，企业知识存量大幅提升的过程，稍滞后于高校知识存量的变化。通过企业知识存量演化趋势的包络线可以看出，企业知识存量也具有与高校知识存量平行的周期性阶跃式增长特征。企业技术存量的变化趋势，说明知识链与技术链在短期的对接情况。从演化趋势可以看出，知识主体与技术主体的协同对接，能推动企业技术水平的稳定增长，这表明，技术主体可以借助知识主体的资源转移，实现高校和产业协同互动的螺旋式推动作用，同时，也为企业技术创新能力与成果转化能力的提升提供支撑作用。

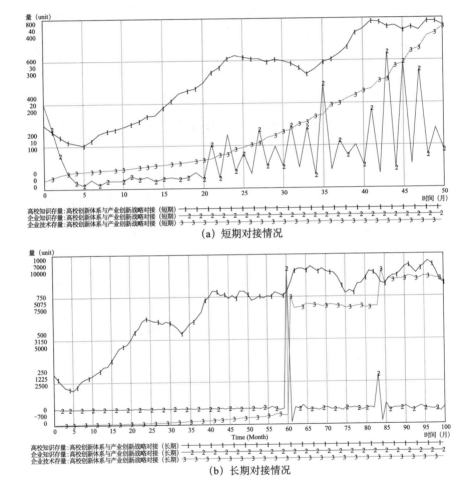

(a) 短期对接情况

(b) 长期对接情况

**图 5-7 市场导向下多主体协同创新的演化趋势对比**

注：纵坐标的每组数据，分别与曲线的数字标注相对应，由下向上分别对应 1、2、3 曲线。

图 (a) 纵坐标的"0、0、0"表示曲线纵坐标起点均为 0。

资料来源：通过多主体协同系统动力学模型的演化分析，运用 VENSIM-PLE 软件绘制而得。

当 DT = 1 ~ 100 期（长期趋势分析）时，高校知识存量、企业知识存量和企业技术存量的变化趋势，也显示出明显的协同特性。其中，高校知识存量的变化趋势与短期分析基本一致，呈现阶段性倒"U"形振荡趋势，伴随每次"U"形波动过程，高校知识水平实现从低位向高位的跃迁。从图 5 - 7 中可以看出，高校知识存量发生了五次低位向高位的跃迁，跃迁平台的持续时间节点呈现先增长、后下降的趋势，后期"U"形波动的幅度逐渐减缓，趋于平缓趋势。企业知识存量的长期模拟演化过程，呈现相对水平的周期性脉冲波动趋势。当高校知识存量积累到一定阶段，高校与企业的知识缺口达到知识转移阈值时，知识便从高校向企业实现一次性转移。企业作为技术主体，接收到知识后，一方面，需要实现知识向技术的有效转化；另一方面，需要通过技术创新、技术集成、技术积累等过程形成内化。因此，企业作为知识存量的暂时载体，从长期来看，通过脉冲波动形式实现作用主体间的知识转移和知识流动。通过模拟结果也可以看出，企业知识存量和高校知识存量的变化过程也保持明显的协同特征：（1）当高校知识水平达到一定程度时，才会发生知识资源在不同主体间的流动；（2）当高校知识存量的阶段性周期波动逐渐减少、阶跃程度下降时，企业知识存量的脉冲波动程度也有所下降，脉冲波动的时间周期也相应地延长。企业技术存量的演化趋势，显示了知识主体和技术主体在长期协同对接的作用过程中，通过模拟仿真可以看出，企业技术存量在长期具有明显的周期性阶跃式增长趋势，阶跃增长的时间节点与知识的主体转移节点基本上保持一致，与高校知识存量的周期性波动也具有一定的相关性，充分实现了主体对接过程中多主体协同效应的长效特征。通过知识的技术转化，企业技术存量呈现出明显的平台性阶跃式增长趋势。从图 5 - 7 中可以看出，企业技术存量发生了两次阶跃式增长，与企业知识转移的脉冲波动在时间节点和波动趋势上基本保持一致，第二次的阶跃周期也有所缩短。

## 5.3　市场导向下多主体协同创新的系统动力学特征分析

### 5.3.1　多主体协同创新作用路径的敏感性分析

作用路径的敏感性分析，主要是针对多主体协同的系统行为进行的模拟仿真分析。结合系统动力模型状态变量的设置，观察高校知识存量、企业知识存量和企业技术存量直接作用于动态对接的过程。作用路径的调节变量选择高校、企业科研经费投入比例，企业知识技术转化系数、对接平台建设经费投入比例三个参数进行调整。其中，高校、企业科研经费投入比例侧重于知识链接机制与技术链接机制的有效协同，企业知识技术转化系数用于描述技术链接机制与收益链接机制的有效互动，对接平台建设经费投入比例强调了政策主体对多主体协同的政策导向激励作用。通过这三个参数权重和输出特性的改变，观察以知识存量和技术存量为表征变量的系统动力学特征变化情况，作用路径的敏感性分析，如图 5-8 所示。

高校、企业科研经费投入比例，通过作用系统直接作用于知识主体和技术主体的对接过程，通过将高校、企业科研经费投入比例的变量值从 0.50（Current 1）增加到 0.60（Current 2），进而增加到 0.75（Current 3），其模拟仿真结果，如图 5-8（a）所示。从趋势分析可以看出，当高校、企业科研经费投入比例增加时，多主体协同行为的知识存量和技术存量都有了一定程度的增加。高校、企业科研经费投入比例对于高校知识存量、企业知识存量、企业技术存量的变化趋势，均有一定的正相关性。其中，高校知识主体对于科研经费投入的情况相对敏感，在 DT = 20~50 期，提升效应逐渐明显，提升趋势属于整体增加。企业知识存量的变动程度相对于高校较弱，只有在 DT = 35~40 期、47~50 期，呈现略微明显的比例变化。而高校知识主体对于企业技术存量的推动作用也相对敏感，作用增长趋势呈喇叭状分布，尤其在 DT = 20 ~ 50 期推动效应明显加强，与高校知识存量增长趋势基本同步。

知识技术转化系数是描述技术主体通过将知识进行加工与学习，形成具有实践价值技术的参量。将知识技术转化系数的变量值从 0.10（Current 01）依次增加至 0.15（Current 02）、0.20（Current 03），其模拟仿真结果如图 5 - 8（b）所示。知识技术转化系数更侧重于企业接收高校知识后，进行技术链接作用效果的参数。其对于高校知识存量的作用效果并不明显，仅在 DT = 40 期以后，出现了相对明显的推动作用。这是因为技术应用过程会产生知识需求，从实践环节通过主体协同产生知识存量的推动力，所以，具有一定的滞后效应。知识技术转化系数调整对于企业知识存量和企业技术存量的影响都较为明显，波动幅度显著提升。企业知识存量在 DT = 32 ~ 36 期、42 ~ 47 期波动幅度明显，对于知识转化阶段的振动波幅明显增加，其振动趋势的包络线也基本上显示了伴随知识周期波动，企业知识水平幅度跃迁过程的爬坡现象。企业技术存量在 DT = 20 期以后，出现较大幅度增长，且增长幅度逐渐扩大。结合模拟仿真结果，可以观察出明显的边际增长趋势。

对接平台建设投入比例，反映了多主体协同外在政策环境的激励作用。将对接平台建设投入比例的变量值分别按照 0.50（Current 001）、0.60（Current 002）、0.75（Current 003）进行调整，其模拟仿真结果，如图 5 - 8（c）所示。对接平台建设投入比例对于高校知识存量、企业知识存量和企业技术存量的影响相对显著，可见，对系统对接平台建设强度越大，对多主体协同行为的整体推动效果越明显，但对于不同主体的作用周期，特征不同。对于高校知识存量促进作用呈现出整体性推动趋势，DT = 5 期以后，推动效果逐渐明显。而对于企业知识存量和企业技术存量的提升作用具有一定滞后效应，分别在 DT = 42 期、DT = 35 期以后逐渐明显。相比而言，企业技术存量的提升效果略优于企业知识存量。

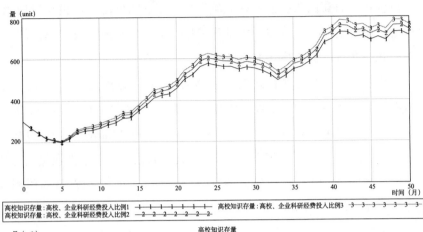

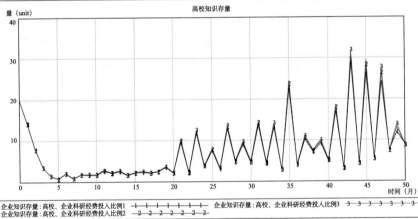

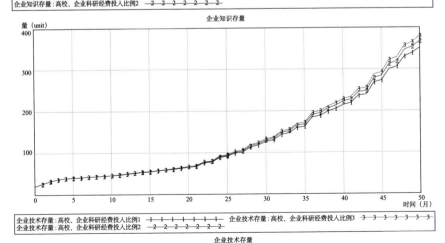

（a）高校、企业科研经费投入比例

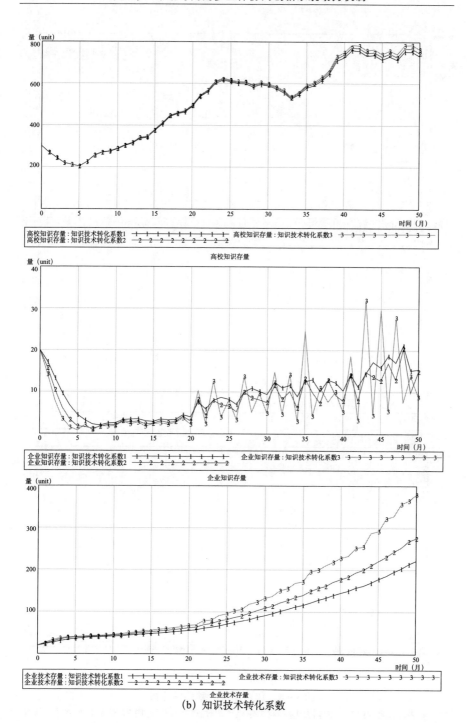

（b）知识技术转化系数

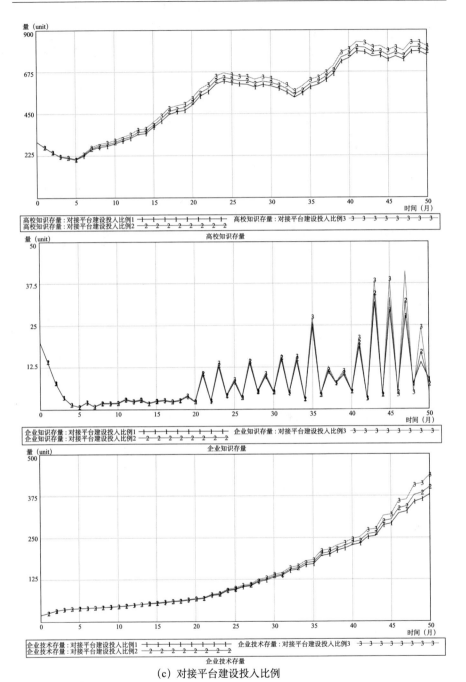

(c) 对接平台建设投入比例

**图5-8 作用路径的敏感性分析**

资料来源：笔者根据多主体协同系统动力学模型的敏感性分析，运用 VENSIM-PLE 软件绘制而得。

## 5.3.2 多主体协同反馈路径的敏感性分析

多主体协同反馈路径，主要是通过市场导向作用构建的多主体协同系统调节机制。通过对高校、企业创新收益分配比例、对接有效度、政府战略引导强度三个参数输出特性的调整，分析模型中反馈路径的嵌入对于对接过程输出特性的影响，从而进行动力学灵敏度分析。其中，高校、企业创新收益分配比例，描述了通过收益分配与竞争优势相协同的竞争驱动作用；对接有效度，刻画了通过多元主体优势互补与资源共享的职能协同作用；政府战略引导强度，用于说明通过战略目标分析提升技术创新能力与市场需求相匹配的用户需求作用。结合市场导向三个维度反馈路径的调节，分析市场导向下多主体协同的系统动力影响特征，进行模拟仿真，反馈路径的敏感性分析，如图 5-9 所示。

首先，利用企业创新收益分配比例，使分配机制与主体职能的竞争优势有效协同，即将企业创新收益分配比例的变量值从 0.30（Current 01）增加到 0.40（Current 02），进而增加到 0.50（Current 03），模拟结果如图 5-9（a）所示。收益分配机制的激励作用，对高校知识存量、企业知识存量、企业技术存量都有较为显著的推动作用。其中，对高校知识存量和企业技术存量的推动效果最为明显，对于高校知识存量的正向激励作用在 DT=5 期以后逐渐明显，属于知识水平的整体提升；对于企业技术存量的推动作用相对滞后。系统知识存量和系统技术存量在 DT=20 期以后明显提升，且激励效果具有边际递减特征。同时，收益分配机制的激励作用，对于多主体协同的知识技术转化能力的波动，也有一定放大作用。由此可见，企业创新收益比例对技术层面的影响明显优于对知识层面的影响，因此，创新收益的合理分配对技术创新过程没有阻碍作用，反而激活了知识层面的协同互动，使创新效率有了更为显著的提升。

其次，利用对接有效度，对职能协同的多主体协同激励作用展开分析，即将对接有效度的变量值从 0.50（Current 01）依次增加至 0.65

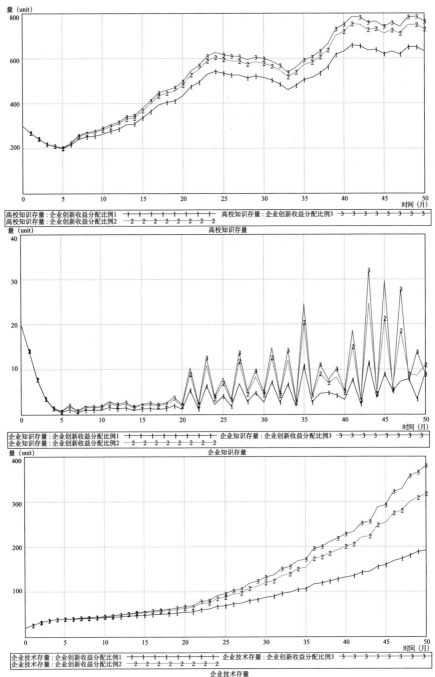

（a）企业创新收益分配比例

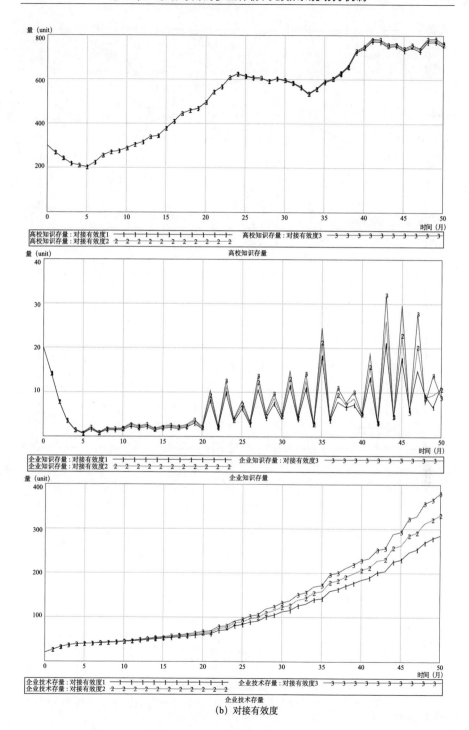

（b）对接有效度

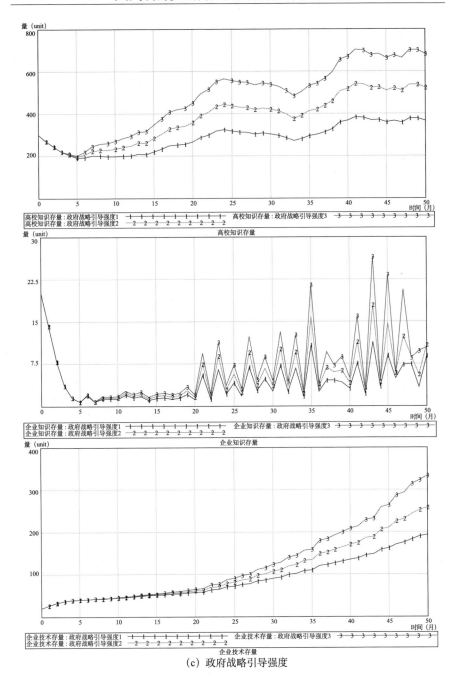

（c）政府战略引导强度

**图 5－9　反馈路径的敏感性分析**

资料来源：笔者根据多主体协同系统动力学模型的反馈路径敏感性分析，运用 VENSIM-PLE 软件绘制而得。

（Current 02）、0.80（Current 03），其模拟仿真结果见图 5 - 9（b）。结果显示，对接有效度对于高校知识存量、企业知识存量和企业技术存量的响应相对较弱。由图 5 - 9（b）可以看出，对接有效度输出特性的调整，基本上没有改变高校知识存量的动力学演化趋势，以高校为载体的知识存量对技术需求的反馈不太敏感，技术主体与知识主体的反向对接过程还有待进一步强化。但对接有效度对企业知识存量和企业技术存量的影响相对明显，通过企业知识存量的周期振动波幅在 DT = 20 期以后的增加情况可以看出，对接有效度能有效放大知识转移过程中企业对知识的承接能力，提升企业对于知识吸收的敏感性。通过企业技术存量的推动作用在 DT = 25 期以后逐渐明显并进一步加强（动力演化趋势的喇叭口特征逐渐明显），且呈现出一定的规模报酬特征。这说明，以企业为载体的知识技术转化过程，对知识对接的反馈效果相对显著。

最后，利用政府战略引导强度描述集成用户需求的政策激励，对多主体协同行为的影响展开分析，即将政府战略引导强度的变量值分别按照 0.50（Current 01）、0.75（Current 02）、1.00（Current 03）调整，模拟仿真结果见图 5 - 9（c）。通过趋势分析可以看出，当政府战略引导强度收到集成市场需求和技术需求的反馈后，对于高校知识存量、企业知识存量和企业技术存量的发展趋势具有明显的推动效果。政府战略引导强度对于高校知识存量变化趋势的影响最为明显，在 DT = 5 期以后高校知识存量动力水平明显提升，且具有规模报酬特征。接着，是企业技术存量的正向激励作用，在 DT = 20 期以后企业技术存量的增长趋势逐渐明显，也具有一定的规模报酬特征，相对于高校知识存量的变化趋势滞后。政府战略引导强度对于企业知识存量的影响可以看出，集成市场需求与政府战略引导强度的政策激励，不但能推动知识主体与技术主体之间的知识流动，而且，能有效地提升技术主体对知识的敏感性，对知识向技术的转化产生有效推动。因此，集成用户需求的有效反馈通过系统的动态对接，能够提升作用主体知识和技术的作用效果。

相比而言，无论是多主体协同系统的作用路径，还是嵌入了市场导向作用机制与政策激励的反馈路径，都对高校知识存量、企业知识存量和企业技术存量存在一定的正向激励作用，能有效地实现多元主体的职能对接和优势集成，从而产生具有系统动力特征的驱动效应。模拟仿真结果显示，嵌入了用户需求、竞争驱动和职能协同的市场导向作用之后，反馈路径对于多主体协同的系统驱动效果，比正向作用路径的系统驱动效果更为明显。一方面，反馈路径不但能通过多元链接机制的有效互动与协同，产生双向拉动效应，而且，能放大技术主体对于知识的敏感度，更有利于实现主体职能对接；另一方面，反馈路径对于多主体协同行为的驱动效应更为全面，能整体提升和增加高校知识存量和企业技术存量。

# 本章小结

　　本章通过多元反馈下多主体协同的系统动力机制，动态刻画了知识与技术在创新、扩散和应用中的短期演化趋势和长期演化趋势。通过建立市场需求导向、技术应用与知识创新的有效对接，以及创新收益分配在多主体协同过程中的反馈路径，从作用角度与反作用角度探讨了市场导向对多主体协同的影响。通过模拟仿真可以得到以下三个结论。

　　第一，从多元反馈下多主体协同的动力学演化趋势可以看出，知识链的动态转化与技术链的动态转化具有明显的相关性，即知识主体和技术主体协同式推动现象。短期分析显示，知识层面基本上呈现阶段性倒"U"形增长趋势，技术层面呈稳定指数增长趋势；长期分析显示，知识存量具有阶段跃迁式增长趋势，以水平性阶段脉冲方式实现知识链与技术链的有效对接，而技术存量伴随转化过程的对接激励，表现出平台式阶跃增长趋势。无论从短期还是长期，都充分验证了知识链与技术链在多主体职能对接过程中的协同特征。

　　第二，从多主体协同作用过程的仿真结果可以看出：科研经费投入增加、知识技术转化能力提升、主体对接程度增加，对知识存量和技术存量都有一定的提升作用，但作用效果不显著。科研经费投入比例向高校倾斜时，没有弱化企业技术创新能力，反而大幅提升技术存量水平。可见，资本投入与收益反馈能有效地实现知识创新与技术创新的协同互动，提升多主体协同效率。知识转化能力增加能大幅提升技术存量水平，且具有边际递增效应，但对知识存量水平的作用效果不明显。可见，技术应用对于知识创新的反馈作用较为欠缺。另外，对接平台建设能够有效地实现知识共享与主体协同，对于知识创新产生整体提升效果，但在技术创新方面存在一定滞后性。

第三，从多元反馈作用过程的仿真结果可以看出：资本投入与收益、知识集成与技术创新、市场需要与成果转化对知识存量和技术存量具有明显的提升作用。嵌入资本投入与收益反馈路径后，知识主体随着创新收益增加，知识存量水平整体提升。嵌入知识集成与技术创新反馈路径后，既实现了知识创新过程对技术需求的有效集成，又降低了知识链和技术链的对接壁垒，具有双向拉动优势。嵌入市场需求与成果转化反馈路径后，使市场需求的政策导向作用得到充分发挥，提高了市场需求和创新成果供给匹配的有效性，对知识创新和技术创新的推动效果最为明显。对比而言，嵌入了多元反馈的主体协同过程，更能实现资源在创新主体间的有效配置、提升系统作用的自组织优化功能，对多主体协同效率的推动作用更为明显。

# 第6章　市场导向的多主体协同创新网络扩散机制

多主体协同行为不但局限于单个异质主体之间的职能对接，而且，具有完成循环回路的作用系统。主体之间的协同关系在更宏观的层面上，表现为多元主体职能对接所形成的整体创新驱动效应，使得多个作用系统相互叠加形成整体驱动。多主体协同的网络扩散机制，便是通过多个同质主体和异质主体在选择、匹配、对接之后，形成具有独特空间拓扑结构和演化规律的动态作用过程。本章通过构建复杂网络模型，描述了多元同质主体和多元异质主体更为广泛、更加深化的协同行为，结合复杂网络的演进规律对多主体协同的网络扩散机制进行模拟仿真。根据市场导向下不同维度在网络扩散过程中的作用机理，将市场导向作用嵌入多主体协同演化过程中展开分析，从而在市场导向下，对多主体协同创新的影响作用实现了从系统（面）到网络（体）的描述。

## 6.1　多主体协同创新的复杂网络模型构建

复杂网络是节点通过特有链接关系形成具有空间拓扑结构和自组织演进过程网络类型的总称。网络节点可与特定的研究对象实现对应，节点之间的连接情况可以用于刻画研究对象之间的作用关系，网络演进规律能够反映研究主体的动态特征，网络绩效度量因子可以与研究对象的绩效评价相互结合，网络的空间结构与节点的聚集情况能描述作用主体之间的合作模式。加之复杂网络理论与博弈论等数理分析方法具有良好的兼容性，因此，复杂网络理论被广泛应用于不同研究领域。目前，常见的网络模型有小世界网络模型、无标度网络模型等。

在瓦茨和斯特曼加茨（Watts and Strogatz，1998）提出基于复杂网络的小世界模型后，该理论便广泛应用于国际专利合作网络（Zifeng and Jiancheng，2010）、知识转移网络平台（Nicolas and Pascale，2009）、区域信息传播网络（Ernest and Rosina，2015）、能源输送网络（Dassisti and Carnimeo，2013）、社会合作网络（Leslie and Enea，2008）等各类研究中。法拉兹（Faraz，2013）验证了小世界网络具有较大聚集度和较小平均距离的网络特征，因此，具有主体要素信息集成与共享的作用优势。阿莎坎和安卓雅（Ashkan and Andrea，2015）研究指出，主体要素通过节点的网络连接情况可以扩大创新资源使用广度，结合节点间的资源交换，提升整体网络的技术创新水平。结合多主体协同行为，包括组织知识整合（单海燕和王文平，2012）、创新系统特征（Fleming，King and Juda，2006）、网络演进过程（Hung and Wang，2010）、网络绩效评价（Liu et al.，2014）等内容。基于小世界网络（WS）模型的特点与分析优势，可以作为网络演化行为的结构基础，具有现实情况的普适性（Tim and John，2010）。结合本章多主体协同网络扩散机制的研究，利用小世界网络模型作为多主体协同创新的研究基础，展开动态扩散与演化过程分析。

多主体协同是由以高校及科研院所为代表的知识主体、以企业为代表的技术主体、以政府为代表的政策主体以及市场主体等构成的创新集合（Francesc，Javier and Joseph，2000）。要构建优势互补和深度协同的网络共同体，不但要体现多元主体间基于协同关系的网络扩散效应，而且，更重要的是，要通过网络演化机制形成"多主体协同创新过程"以及"外部激励对于创新收益的影响"等研究范式。通过复杂网络特征对多元主体协同行为实现模型化，即用网络节点代表作用主体，网络节点属性界定主体类型，网络节点的连边情况描述多主体协同关系，从而为利用复杂网络动态演化分析多主体协同行为提供模型基础，便可以构建多主体协同网络模型。

政府和中介机构作为网络环境变量不列入考虑范围，市场设定为外生变量。从三个层面构建多主体协同网络，记作 $\{V_m, n, G\}$：其中，$V_m, n$ 为网络具体节点的集合，$n$ 为节点数量，网络节点代表作用主体。第一层次：利用节点属性刻画知识主体和技术主体的网络职能划分，$m$ 是节点属性集合 = ｛1｜高校及科研院所（知识主体），0｜企业（技术主体）｝。第二层次：利用各网络节点的势能值表示知识主体或技术主体的创新能力，即将每个节点随机赋以一定的知识势能或技术势能，记作 $\omega_i$，用于衡量不同属性、不同节点的创新驱动力。第三层次：利用节点之间的连边情况刻画主体之间的协同关系，设 G 作为节点连边的集合，$G = \{g_{ij} = 1, g_{ij} = 0 \mid i, j \in V\}$，当 $g_{ij} = 1$ 时，即主体 i 和 j 具有协同关系；同理，当 $g_{ij} = 0$ 时，主体 i 和 j 无协同关系。假设该网络是主体间双向协同关系的描述，不考虑协同主体间转移意愿和溢出意愿不对等的情况，即为无向网络。基于此，完成多 Agent 协同创新网络的构建，记作 $Z = \{V_m, n, G\}$。

在网络模型构建的基础上，结合小世界网络模型的演化规则，即在 n 个网络节点构成的规则网络中，先随机选择一个节点，然后，将概率设为 P，随机地将这个节点的每个连边重新连接到网络中的其他节点上，循环往复。其中，规定任意两个节点之间最多只能有一条边，而且，每个节点不能与自身相连。连接概率 P 较小时，生成小世界网络结构，如图 6-1 所示。

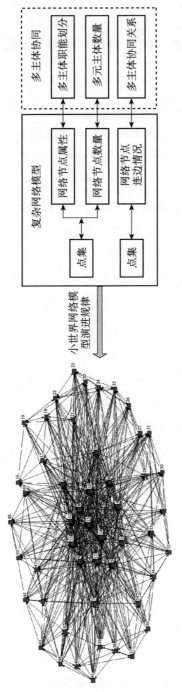

**图6-1　小世界网络结构**

注：图中数字表示节点计数，系随机生成，看不清数字不影响对本图的理解。
资料来源：笔者根据多主体协同过程的网络效率，利用UCINET软件绘制而得。

# 6.2 多主体协同创新的网络扩散与演化

多主体协同网络的创新能力，是主体间的协同关系和创新收益变化共同作用的结果。协同关系是多主体基于职能匹配和优势互补，在关系维度的动态调整能力，是实现协同自组织优化过程的重要基础。协同关系会随着主体预期收益的变化而调整，宏观层面表现为网络结构的改变。创新收益是从主体创新绩效的收益情况进行创新能力提升的主要表现，创新收益变化是节点在当期协同关系下产生的收益累积，微观层面表现为主体势能值的改变。即多主体协同网络的动态演化机制涉及两个方面，网络结构和收益维度的动态变化。因此，多主体协同网络的模型构建，将从协同关系和创新收益两个层面嵌入网络结构动态性的演化机制，对多主体协同网络创新扩散过程的动态特征展开分析。

为了清晰地表达多主体协同网络的创新扩散过程，本书利用 MAT-LAB2013a 平台建模仿真，在构建多主体协同网络的基础上，嵌入主体协同关系和主体创新收益的二维动态演化机制进行特征分析。本节将网络节点数量初始值设定为 40，节点属性在知识主体和技术主体之间按照 3∶7 的比例随机分配（消除网络节点属性聚集对网络平均路径值的干扰），节点知识/技术势能值符合（0~100）随机分布，模拟期设定 DT = 100 期，以小世界网络为模型基础展开分析。

## 6.2.1 多主体协同创新的网络绩效度量

多主体协同的网络绩效度量，用网络总收益与网络总成本相减后的网络净收益表示。网络总收益是网络个体技术创新能力的整体体现，伴随着网络扩散过程进行动态演化。网络总成本是多主体网络协同关系维护和演化的支出部分，反映了多主体协同网络行为对创新绩效的耗费。因此，网络势能是同属性节点势能加总产生的收益，这一过程涉及节点

势能和网络整体势能的转化，减去总成本后的净收益可以作为创新绩效
的度量，可由式（6-1）表述。

$$\pi = R - C \tag{6-1}$$

多主体协同网络的创新收益是各节点在各期技术势能和知识势能共同
作用下产生的收益量。假设多主体协同的网络创新效率收益（R）与网络
总知识势能（$\omega_K$）和网络总技术势能（$\omega_T$）的关系符合柯布-道格拉斯
（Cobb-Douglas）生产函数，其中，网络总知识势能和网络总技术势能对于
创新效率收益的边际规模效应相等，可得式（6-2）。网络总知识势能是网
络知识主体势能加总，主要包括高校和科研院所，其主体属性为（$m=0$），
可得式（6-3）；同理，网络总技术势能是网络技术主体势能加总，主要为
企业，主体属性（$m=1$），可得式（6-4）。

$$R = \sqrt{\omega_K \times \omega_T} \tag{6-2}$$

$$\omega_K = \sum_1^n \omega_i \mid m = 0 \tag{6-3}$$

$$\omega_T = \sum_1^n \omega_i \mid m = 1 \tag{6-4}$$

将式（6-3）和式（6-4）代入式（6-2），便可得到多主体协同
的创新收益表达式（6-5）。

$$R = \sqrt{\left( \sum_1^n \omega_i \mid m = 0 \right) \times \left( \sum_1^n \omega_i \mid m = 1 \right)} \tag{6-5}$$

多主体协同网络扩散的成本，包括不变成本和可变成本。不变成本
主要用于网络构建与网络维护，记为（$C_0$）；可变成本包括同质主体间网
络扩散成本（$C_1$）和异质主体间网络扩散成本（$C_2$），同质主体间网络扩
散成本仅与网络路径长度（$d_{ij}$）有关，异质主体间网络扩散成本还涉及
主体协同效度 $p_{ij}$（$0 < p_{ij} < 1$），且 $C_2$ 与 $p_{ij}$ 呈反向关系，c（$0 < c < 1$）为
网络成本系数，可得式（6-6）和式（6-7）。

$$\begin{cases} C_1 = c \times \sum_1^n d_{ij}/p_{ij} \mid m = 0 \tag{6-6} \\ C_2 = c \times \sum_1^n d_{ij}/p_{ij} \mid m = 1 \tag{6-7} \end{cases}$$

从而可以得到多主体协同网络扩散的总成本表达式（6-8）：

$$C = C_0 + C_T = C_0 + C_1 + C_2 = C_0 + c \times (d_{ij} \mid_{m_i = m_j} + d_{ij} \mid_{m_i \neq m_j})$$

$$(6-8)$$

将以上多主体协同的创新收益表达式（6-5）和多主体协同网络扩散的总成本表达式（6-8）代入式（6-6）后可得：

$$\pi = R - C_0 - (C_1 + C_2) \tag{6-9}$$

$$\pi = \sqrt{\left(\sum_1^n \omega_i \mid m = 0\right) \times \left(\sum_1^n \omega_i \mid m = 1\right)} - \left[C_0 + c \times (d_{ij} \mid_{m_j = m_i} + d_{ij} \mid_{m_j \neq m_i})\right] \tag{6-10}$$

## 6.2.2 多主体协同创新收益的演化机制

多主体协同网络行为由同质主体和异质主体动态扩散等过程组成，包括主体间知识转移过程和技术溢出过程，动态扩散的网络演化行为参照《小世界特性的创新孵化网络知识转移模型及仿真研究》[①] 中主体间知识转移模型，其演化机制可以描述为：主体创新收益变化是同质主体间或异质主体间，结合协同关系建立与否而发生创新能力提升的过程，表现为网络节点通过连边情况判断，从而进行节点势能值调整。这一过程和网络协同关系密切相关，实现了协同关系和创新收益同步演化的二维动态特征。主体间在 t 期具有协同关系，即 $g_{ij}^t = 1$ 时，t 期节点知识/技术势能值将会结合主体间协同性发生调整，否则，节点势能值保持不变。当具有协同关系的作用主体间存在知识/技术势能差，以节点 i 为例：当势能值低于其具有协同关系的作用主体时，实现势能转移；当势能值高于其具有协同关系的作用主体时，实现势能溢出。具体过程如下。

（1）同质主体间的协同行为，同质主体可以通过协同行为发生同质资源的流动和转移。因为资源类型和主体类型具有一致性，所以，多主体协同行为在网络层面的同质职能激励作用也有所体现。其演化过程可以表示为：节点 i 的直接关联方 $j = \{1, 2, \cdots, n \mid (j \neq i) \& (m_j = m_i)\}$ 时，

---

① 王国红，周建林，唐丽艳. 小世界特性的创新孵化网络知识转移模型及仿真研究 [J]. 科学学与科学技术管理，2014，35（5）：53-63.

其函数如式（6-11）所示。其中，$V_{i,m}^{t+1}$表示节点 i、类型为 m 时，在 t+1 期的知识/技术势能值。网络中节点间的协同效率受节点最短路径 $d_{ij}$ 的影响，因此，引入距离衰减系数 $\sigma_{ij}$（$0<\sigma_{ij}<1$），$\sigma_{ij}$ 表示的最短路径越小，关系双方就越了解，创新效率就越高。网络协同效率 $\alpha$ 是考虑了主体学习能力、主体间信任关系、合作成功概率等多方面因素的综合因子 $\alpha$（$0<\alpha<1$），异质主体中的网络协同效率与此处含义相同。[①] 同质主体间协同行为的演化过程，见式（6-11）。

$$\begin{cases} V_{i,m}^{t+1} = V_{i,m}^{t} + \sigma^{d_{ij}} \times \alpha \times (V_{j,m}^{t} - V_{i,m}^{t}), & if \quad V_{j,m}^{t} > V_{i,m}^{t} \\ V_{i,m}^{t+1} = V_{i,m}^{t}, & if \quad V_{j,m}^{t} \leq V_{i,m}^{t} \end{cases} \quad (6-11)$$

（2）异质主体间的协同行为，异质主体协同行为主要表现为多元链接机制之间的对接与互动，在多主体协同的网络层面上，上游主体与下游同职能多主体之间的对接过程，还涉及选择、匹配和优化等过程。其演化过程可以表示为，节点 i 的直接关联方 j = $\{1, 2, \cdots, n | (j\neq i) \& (m_j\neq m_i)\}$ 时，创新收益函数式见式（6-5）。$V_{i,m}^{t+1}$ 与 $d_{ij}$ 的表达意义，与前文相同。考虑到异质主体协同行为的创新集成存在转化过程，因此，引入异质协同效度 $p_{ij}$（$0<p_{ij}<1$）越大，$p_{ij}$ 说明主体间协同度越高，创新效率越高。异质主体间协同行为的演化过程见式（6-12）。

$$\begin{cases} V_{i,m}^{t+1} = V_{i,m}^{t} + p_{ij} \times \sigma^{d_{ij}} \times \alpha \times (V_{j,m}^{t} - V_{i,m}^{t}), & if \quad V_{j,m}^{t} > V_{i,m}^{t} \\ V_{i,m}^{t+1} = V_{i,m}^{t}, & if \quad V_{j,m}^{t} \leq V_{i,m}^{t} \end{cases}$$

$$(6-12)$$

创新收益动态演化，见图 6-2。多主体协同网络中，以作用主体的直接关联情况和主体间势能差距为基础进行有效协同，从而提升网络整体的创新效率。其本质在于，同质主体和异质主体以协同网络为载体，进行创新资源转移和创新过程对接。模拟结果显示了网络整体创新收益水平演化趋势，如图 6-2（a）所示。多主体协同网络基于网络节点的知识转移和技术溢出，网络整体创新收益水平不断提升，具有稳定的增长

① 协同因子 $\alpha$ 总体描述了信任程度、学习能力、遗忘过程等方面，参见：王国红，周建林，唐丽艳. 小世界特性的创新孵化网络知识转移模型及仿真研究 [J]. 科学学与科学技术管理，2014，35（5）：53-63.

趋势，具有较为明显的外凸性特征。初期 DT = 1 ~ 60 期，多主体协同过程能较为充分地发挥主体优势互补、资源集成带来的创新驱动作用。因此，创新收益的增长边际较大，多主体协同的网络整体创新收益提升速度较快。DT = 100 期以后，随着多主体协同程度的不断加深，主体之间协同关系带来的驱动力已充分发挥作用，故而创新收益的增长程度逐渐放缓，实现多主体有效协同的均衡状态。当小世界网络中嵌入了主体创新收益的动态演化特性后，实现了网络整体创新收益从低位向高位的稳态跃迁。

如果说网络整体创新收益是节点创新能力基于协同行为的加总，那么，网络节点知识/技术势能的扩散趋势则可以描述多主体协同过程中，每个主体创新能力的提升程度。网络节点分期势能演化趋势仿真结果，如图 6 - 2 (b) 所示。多主体协同的创新过程初期 (DT = 1 ~ 60 期)，因为节点势能差距和关联情况的综合作用，创新资源在主体间发生深度转移，知识链和技术链实现无缝对接，网络整体创新收益水平从原来的低位大幅跃迁至高位，处于低位节点的势能值扩散效率较为明显。当多主体行为进一步深化时 (DT = 60 ~ 100 期)，多主体协同行为对网络各节点的创新驱动效应逐渐减弱，网络协同总成本增加，节点知识/技术势能的提升速度逐渐放缓。随着协同创新扩散过程不断深入 (DT = 100 期以后)，网络整体创新收益水平增速逐渐下降到最小，节点间势能值进一步趋同，网络主体协同效率将逼近新的均衡状态。

主体创新收益的演化趋势从整体 (创新收益水平演化趋势) 和部分 (节点分期势能演化趋势) 两个角度，较为直观地解释了多主体协同过程中整体创新驱动能力大于部分创新驱动能力总和的原因，即 "1 + 1 + 1 > 3" 实现的原因。通过网络多主体协同关系，主体互动之间的资源流动与职能互补，能产生不同主体创新能力提升的推动力，形成主体创新收益水平实现稳态跃迁的协同路径。通过多主体协同网络的动态扩散过程，节点势能的调整程度与网络创新收益的变化情况基本一致，微观层面各节点知识/技术势能明显提升时，网络整体创新能力显著提升。当各节点势能值逐渐出现趋同现象，宏观层面保持稳定增长并最终收敛于高位稳态值，呈现边际效应递减现象。协同关系和创新收益的二维动态特征，也体现了双向同步性规律。

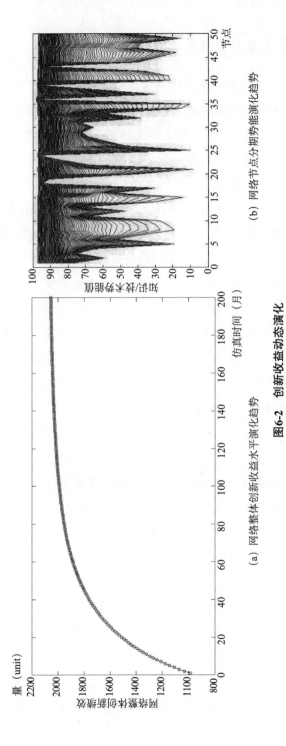

(b) 网络节点分期势能化演化趋势

(a) 网络整体创新收益水平演化趋势

**图6-2　创新收益动态演化**

资料来源：笔者根据多主体协同网络扩散的创新收益测度，利用MATLAB 2013a软件绘制而得。

### 6.2.3 多主体协同创新关系的演化机制

网络结构动态变化是网络主体通过预期收益和合作情况，进行协同关系选择和动态构建的主要表现。其演化机制为建立协同关系所获得的创新收益值减去协同关系构建成本后大于无协同关系的主体收益时，网络节点发生连边，从而构建协同关系。即，若 t 期收益小于 t + 1 期收益与协同成本的差值时，说明主体间建立协同关系后，创新收益的提升更为显著，主体间协同激励更明显，网络节点间的连边情况在 t + 1 期调整为 1，实现对网络结构的调整。而当 t 期收益大于 t + 1 期收益与协同成本的差值，说明主体间建立协同关系后，不利于创新收益提升，主体协同关系保持不变，网络节点间的连边情况与 t 期相同，网络结构不发生改变，即不发生连边，保持原有主体协同状态。实现由当期收益、主体间协同成本和预期收益决定的主体间协同关系的动态调整。通过网络结构的变化描述主体间协同关系的动态性，嵌入了关系维度的进入机制和维持机制，同时，引入固定成本 $C_0$，关系成本因子 q（$0 < q < 1$）表示协同关系的建立成本和维护成本。由此可得，主体协同关系的动态演化机制，如式（6 – 13）所示。

$$\begin{cases} g_{ij}^{t+1} = 1, & \text{if} \quad V_{i,m}^{t+1} \times V_{j,m}^{t+1} - C_0 \times q > V_{i,m}^t \times V_{j,m}^t \\ g_{ij}^{t+1} = g_{ij}^t, & \text{if} \quad V_{i,m}^{t+1} \times V_{j,m}^{t+1} - C_0 \times q \leq V_{i,m}^t \times V_{j,m}^t \end{cases} \quad (6-13)$$

主体协同关系的变化，主要体现了创新收益预期对主体关系的调整，表现为网络结构的变化。通过网络结构的变化，对多主体协同的深度与密度进行调整。既能实现竞争优势领先主体的带动效应和辐射效应，也能较为客观地描述多主体协同演进过程中，多元链接机制相互交错形成的整体驱动效应。通过观察，嵌入了关系维度的进入机制和保持机制后，网络结构变化显著，可见，动态性能提升网络节点的连接密度。DT = 1 期是基于小世界网络模型构建的基期结构，DT = 1 ~ 20 期区间，网络节点的连边情况明显提升，网络结构复杂性不断增加，多主体协同效应显著增强；DT = 50 期与 DT = 100 期的结构特征基本相同，逐渐呈现规则网络动态性，即实现了网络结构的稳态扩散。网络结构动态演化，如图 6 – 3 所示。

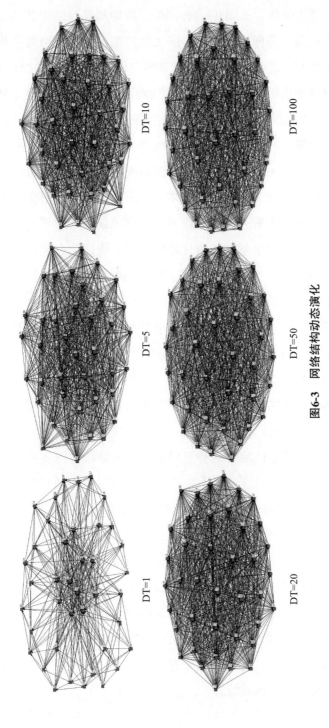

DT=1

DT=5

DT=10

DT=20

DT=50

DT=100

图6-3　网络结构动态演化

注：图形仅表现结构从简单到复杂的变化趋势，图中数字不清楚不影响对本图的理解。

资料来源：笔者根据多主体协同网络扩散的结构特征演化，利用UCINET软件绘制而得。

　　网络特征动态演化，见图 6 - 4，网络平均距离是网络中各节点之间最短路径的平均值，是网络主体间协同关系广度的度量。网络平均距离越大，说明主体间信息和资源创新的流动性越低，知识/技术之间的集成难度越大。网络平均距离的变化趋势，显示了网络演进特征对多主体协同过程的影响。本书通过计算不同模拟期的网络平均距离，观察主体协同关系的动态演化趋势。网络特征动态演化网络平均距离，见图 6 - 4（a）。网络聚集系数是网络中各节点实际存在连边关系占网络总连边关系的比重，是网络主体间协同关系深度。网络聚集系数越大，说明多主体协同过程中主体间越容易优势互补，资源共享程度越深。通过模拟仿真，观察多主体协同网络的聚集系数的演化趋势。网络特征动态演化网络聚集系数，见图 6 -（b）。结果显示，多主体协同网络嵌入了协同关系和创新收益的二维动态性后，表现出较为明显的小网络距离和高聚集能力的优势特征。其中，DT = 1 ~ 50 期时，网络平均距离和网络聚集系数调整显著，网络平均距离和网络聚集系数的调整区间分别为［0.3，1.55］和［0.68，0.96］；DT = 50 期以后，多主体协同网络逐渐逼近规则网络，基本实现结构均衡。网络平均距离和网络聚集系数趋势间，具有明显的平行特征。

　　通过主体协同关系的演化趋势可以看出，网络结构与多主体协同在资源流动和主体密集特性上有明显的相关性。网络结构调整越迅速，网络主体之间越容易实现优势互补，主体之间的资源流动越便捷。可见，主体协同关系嵌入网络结构维度的可变性。演化过程中网络动态重构和路径增加，推动了多主体协同效率从低位向高位的跃迁。动态特征则更强调了预期收益和现有合作效果对主体协同关系的影响，具有反向拉动效应，网络关系层面的调整活度，会加强预期合作收益，提升网络结构的竞争选择与优化机制。主体协同关系的动态网络结构演化过程，在协同关系和创新收益最大化之间形成了有效对接，但也带来了协同关系变化引起的成本增加与合作风险。

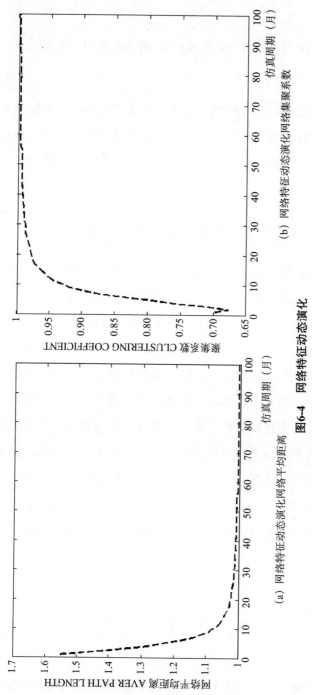

(a) 网络特征动态演化网络平均距离

(b) 网络特征动态演化网络集聚系数

**图 6-4　网络特征动态演化**

资料来源：笔者根据多主体协同网络扩散的结构特征，利用MATLAB2013a软件绘制而得。

# 6.3 市场导向作用的基本假设

市场导向在多主体协同网络中主要从用户需求、竞争驱动和主体职能协同三个维度发挥作用。因此，对于市场导向作用的基本假设也从主体创新收益和主体协同关系两个层面，沿着这三个维度构建的市场导向作用路径展开分析。

## 6.3.1 基于主体创新收益的市场导向作用

结合复杂网络作用特征，用户需求导向可定义为不同主体对市场用户需求信号进行捕捉和识别后，调整资源配置以提升创新势能，通过网络扩散产生溢出的协同行为。这一过程具有明显的动态特征：仿真初期，只有少数网络主体对用户需求信号进行有效识别，这些主体对市场导向的发挥具有引领作用，因此，获得超额创新利润；随着扩散过程的不断加深，网络协同使更多主体发生跟随行为，成功捕捉用户需求，使个体创新利润在更多主体间分摊；最后，实现大量主体对用户需求信号的普遍认识，最大限度地发挥市场导向作用对于多主体协同的正向激励，个体创新利润水平均实现小幅提升。因此，可以假设一定比例（$\varepsilon_1$）的网络节点，在需求导向识别后，主体知识/技术势能按比例（$\varepsilon_2$）提升，通过扩散绩效的作用趋势，观察用户需求维度的多主体协同网络创新收益的演化特性，见假设 6-1。

**假设 6-1**：在主体创新收益层面，用户需求导向对多主体协同效率具有正向驱动作用。

竞争驱动导向是指，作用主体之间通过核心竞争力占领创新制高点，获得超额创新收益的行为。结合复杂网络模型，假设单个节点知识势能值和技术势能值越高，该节点的创新竞争能力越强。将知识/技术势能是否处于高位作为网络主体竞争优势强弱的标准，设定不同比例覆盖区间对其进行正向激励，即竞争优势越强的作用主体，创新资源配置后的导向驱动作用越明显。因此，可用单个节点知识势能值和技术势能值在对应主体类型势能极大值的所处范围（ω/maxω）和创新收益的超额比例（μ），刻画竞争驱动维度下多主体协同网络的演化特性，见假设6-2。

**假设6-2**：在主体创新收益层面，竞争驱动导向与多主体协同效率呈正相关关系。

职能协同导向是指，多主体基于网络拓扑结构的合作关系，实现优势互补和资源共享，产生创新驱动的作用，但职能协同导向作用效果具有两面性。作用初期，合作成本、关系成本及相关风险会随着协同程度增加而加大，随着主体协同默契的建立，可以通过主体优势互补与合作提升创新能力，即阻碍效果和促进效果呈现双向特征。职能协同最为直观的表现是，直接关联的网络节点数量与异质主体的关系所占比重。在小世界网络模型中，K值作为结构维度的主要度量，指网络构建时每个节点的直接关联节点的平均个数。即K值越大，单个节点与其他节点的直接关联比例越高，网络整体协同度越大。可以通过K值调整，观察主体职能协同维度的多主体协同网络演化特性，见假设6-3。

**假设6-3**：在主体创新收益层面，职能协同导向与多主体协同效率间呈"U"形作用关系。

## 6.3.2　基于主体协同关系的市场导向作用

用户需求导向在主体协同关系层面是指，网络主体对市场消费需求空间进行有效识别后，市场份额与收益激励所产生的多主体协同推动作用，以此提升各主体的知识创新能力和技术创新能力。当用户需求导向实现少量作用主体的协同激励时，面对供给能力和生产能力远不能满足市场需求，技术能力和知识体系不完善，产品价格较高的情况，协同主体将获得大量超额利润。当接收到用户需求导向激励的网络主体数量逐渐增加、网络协同关系构建相对完善时，市场需求空间逐渐满足，技术能力和知识体系不断成熟完善，产品价格下降，利润空间将不断减少，同时，网络协同关系维护成本和网络协同关系构建成本将不断增加。因此，可以在多主体协同网络中，分别嵌入用户需求导向比重（$\theta_1$）与创新收益提升比例（$\theta_2$）的组合激励，观察用户需求导向对创新收益的影响，见假设6-4。

**假设6-4**：在主体协同关系层面，少量用户需求导向对多主体协同网络创新绩效提升作用更为明显。

竞争驱动导向在主体协同关系层面，是指网络主体间竞争关系与竞争程度对个体创新能力的驱动作用，进而影响整体网络的创新收益。竞争驱动导向不仅是竞争能力与创新收益相结合实现资源优化配置的重要体现，而且，是将个体竞争能力和网络协同效应结合提升网络整体创新收益的有效保障。当将节点势能值作为竞争力强弱的表征变量，对少数竞争能力较强的作用主体进行驱动导向激励时，竞争驱动力作用较为明显，网络节点的知识/技术势能值提升明显；而当激励比重不断增大时，竞争驱动作用必然减弱，主体创新能力提升量减小，但覆盖范围增加。因此，可以在多主体协同网络中，动态设置竞争驱动导向的深度因子（$\theta_3$）与广度因子（$\theta_4$），观察竞争驱动导向对创新收益的影响，见假设6-5。

**假设6-5**：在主体协同关系层面，竞争驱动导向作用与多主体协同网络创新绩效提升呈反向关系。

职能协同导向在主体协同关系层面是指，网络个体间协同密度对网络创新收益的激励作用，从而产生的网络结构动态调整能力。职能协同导向作用在主体创新收益层面和主体协同关系层面的作用内涵具有明显区别，主体创新收益层面的职能协同是通过小世界网络模型的初始情况K值进行刻画的，将网络节点平均连边情况作为关系维度的主要参数。而主体协同关系层面的职能协同是通过网络结构的动态调整程度进行描述的，将网络节点之间连边构建的速度作为关系维度的主要参数。主体协同关系层面的职能协同具有两面性，当建立主体协同关系时，有利于资源互补、优势集成、信息共享以及网络资源传递的流动性，从而提升网络整体创新收益；但同时，也增加了网络协同关系的建立成本和维护成本，也会因网络密度过高而增加主体间的竞争压力，对创新收益产生负面影响，见假设6-6。

**假设6-6**：在主体协同关系层面，职能协同导向对多主体协同网络创新绩效具有倒"U"形波动式影响。

# 6.4　市场导向对多主体协同的影响效应

市场导向是通过供需关系，对技术创新过程起到引导作用。按照概念内涵，作用路径涉及用户需求导向、竞争驱动导向以及职能协同导向三个维度。市场导向并不直接作用于多主体协同的创新过程，而是利用这三个维度的作用路径产生导向性激励，影响创新效率。为了更明确地表示市场导向作用对于网络整体创新收益水平影响的差异，将对不同组合下创新收益水平的差异进行对比分析，相关模拟仿真结果如下。

## 6.4.1　用户需求导向多主体协同的影响

在主体创新收益层面：多主体协同网络对用户需求信号进行捕捉和识别后，利用创新资源获取创新收益。通过设定用户需求信号识别主体数量占比 {0.3, 0.5, 0.7} 和用户需求识别主体知识势能值和技术势能值提升比率 {0.7, 0.5, 0.3} 两个维度，双向组合刻画网络动态扩散过程。由图6-5（a）可以看出，"少量网络主体用户需求识别＋超额创新收益（LH）""中等数量网络主体用户需求识别＋中等创新收益（MM）"的情况，明显优于"大量网络主体用户需求识别＋较低创新收益（HL）"的情况。其中，LH比MM、HL作用优势更为显著，且两者的演化趋势基本保持平行。即少量网络主体用户需求识别并获取超额创新收益，能产生明显的引领作用。通过多主体协同网络进行创新扩散，更充分地表达了市场通过用户信息传递对技术创新成果转化的正向促进作用。同时，在 DT = 0 ~ 160 期内 LH – MM 比 MM – HL 更具优势，即随着用户需求识别主体量增加，超额利润不断分摊，网络整体创新收益量逐渐降低。过多主体的需求跟随，不但增加了主体间用户需求表达的趋同性，减少知识势能值和技术势能值的差距，而且，增加了竞争强度带来的风险与成本。DT = 160 ~ 200 期时，虽然高用户需求识别量 MM-HL 超过了低用户需求识别量 LH-MM 的创新收益水平，但这仅是用户需求价值在主体量上的增益，并不是用户需求导向提供的驱动作用。

在主体协同关系层面：通过用户需求导向作用，实现网络主体协同关系的调节，同样，将用户需求信号识别的数量占比按照 {0.3，0.5，0.7} 进行调整，按照多主体协同网络的结构调整，对具有协同关系的主体创新能力提升占比按照 {0.7，0.5，0.3} 进行调整，利用两个维度的双向组合进行模拟仿真，结果如图 6 – 5（b）所示。少量网络主体的用户需求导向作用，在主体协同关系对网络结构进行动态调整后，对网络创新收益的提升作用最显著，随着网络主体数量的增加，用户需求导向作用的激励效果逐渐减弱，且减弱程度呈不断上升趋势。通过差异性分析能够看出不同程度激励影响效果的差异情况，结果显示，当用户需求导向作用发生调整时，对网络创新收益的提升效果呈现出先上升、后下降的趋势，提升效果在模拟期 DT = 40 ~ 60 期（此阶段网络结构变化最明显）时的差异性最大。随着用户需求导向的作用广度增加，影响效果的差异程度逐渐扩大，即用户需求导向比重（$\theta_1$）和网络创新收益提升比例（$\theta_2$）初步发生调整时，用户需求导向影响效果的差异度最小；当用户需求导向比重（$\theta_1$）和网络创新收益提升比例（$\theta_2$）进一步按比例变化时，用户需求导向影响效果的差异度逐渐增加。可见，用户需求导向激励作用同幅度增加，所带来的网络创新收益提升效率呈较大幅下降趋势。

两者对比分析可以得到，多主体协同的网络扩散行为在主体创新收益层面和主体协同关系层面，都能提升创新效率。主体创新收益层面的作用效果呈现从低位向高位跃迁，具有外凸特征的增长趋势，而主体协同关系层面的作用效果呈现阶段倒"U"形演化趋势，伴随网络创新收益的增长后出现小幅回落，最终充分发挥用户需求驱动作用，达到新的稳定状态。用户需求导向多主体协同的影响，如图 6 - 5 所示。

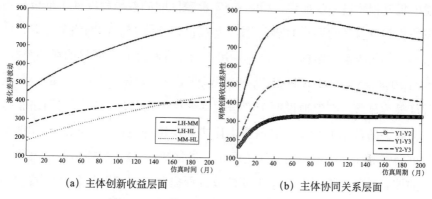

(a) 主体创新收益层面　　　　　　　(b) 主体协同关系层面

**图 6 - 5　用户需求导向多主体协同的影响**

注：第一个字母表示主体数量，第二个字母表示利润空间。例如，用户需求识别主体数量较少且具有超额创新利润水平用 LH 表示，用户需求识别主体数量居中且具有中等创新利润水平用 MM 表示，用户需求识别主体数量较多且具有超额创新利润水平较低用 HL 表示。

资料来源：笔者根据多主体协同网络扩散的用户需求导向影响机制，利用 MATLAB 2013a 软件绘制而得。

## 6.4.2　竞争驱动导向多主体协同的影响

在主体创新收益层面：竞争驱动导向是实现市场资源在多主体协同创新网络中优化配置的关键，通过加强知识势能值和技术势能值处于领先地位网络节点的收益能力，发挥竞争优势在协同创新网络中的驱动作用。因此，通过设定具有竞争优势作用主体的覆盖比例为 |5%，10%，15%|，分别强化节点知识势能值和技术势能值，观察竞争驱动导向作用对多主体协同网络创新收益的影响。竞争驱动导向多主体协同的影响，见图 6 - 6。通过比较分析的方法对不同覆盖比例的竞争驱动导向的差异性进行分析。由图 6 - 6 (a) 可以看出，竞争驱动导向作用与市场对多主体

协同创新的驱动效应具有正相关关系，且竞争优势的网络节点覆盖比例增加，多主体协同网络创新收益的提升效果更显著。当竞争优势覆盖区间从知识势能值和技术势能值处于前5%调整为处于前10%时，网络扩散前期网络整体创新收益小幅提升，随着扩散行为深入，网络整体创新收益的提升程度进一步加强，10%～5%覆盖区间的差异程度处于低位。当竞争优势覆盖区间调整为知识/技术势能值处于前15%的网络节点时，网络整体创新收益大幅提升，15%～10%的差异程度具有明显的线性特征，且与10%～5%覆盖区间相比，提升程度显著。15%～5%区间的差异化程度最为显著，有效地说明了竞争驱动导向作用与多主体协同网络整体创新收益的正相关特征。加强多主体协同网络的主体竞争机制，能够实现创新资源在网络主体间的优化配置，强化知识/技术势能值较高网络主体的核心竞争优势，也能够通过扩散过程提升对网络整体创新收益的驱动效率。

在主体协同关系层面：当考虑伴随有结构调整的主体协同关系时，竞争驱动导向作用对多主体协同的影响，通过深度因子（$\theta_3$）与广度因子（$\theta_4$）进行双向同步调整。深度因子（$\theta_3$）是指，竞争驱动作用结合主体竞争优势，对主体创新能力提升的程度；广度因子（$\theta_4$）是指，竞争驱动将创新资源补给与主体竞争优势联系时，激励作用覆盖的主体占比。为了与主体创新收益的分析过程统一，深度因子的取值范围设定为{15%，10%，5%}，广度因子的取值范围设定为{5%，10%，15%}，通过深度因子与广度因子的双向组合，对竞争驱动导向作用的激励影响和差异性展开分析，模拟仿真结果，见图6-6（b）。竞争驱动导向作用对网络整体创新收益的提升具有明显的激励作用，且竞争驱动导向作用与网络整体创新收益提升效果呈反比例变化关系，即对少数竞争力极强的网络主体建立强竞争驱动时，既能充分发挥个体的示范作用并强化资源优化配置效率，也能通过网络协同将个体创新优势动态扩散，提升网络整体创新收益能力。差异性分析明显体现了竞争驱动导向作用对网络整体创新收益影响效果的规模效应，当竞争驱动激励进行同幅度调整时，创新收益的变化呈现出明显的比例特征。另外，竞争驱动导向作用初期，影响效果的差异性呈上升趋势，在模拟期DT＝100期时逐渐出现稳态，该变化趋势与网络结构变化的动态特征基本上保持一致。

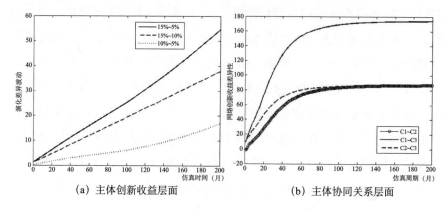

（a）主体创新收益层面　　　　　　（b）主体协同关系层面

**图6-6　竞争驱动导向多主体协同的影响**

资料来源：笔者根据多主体协同网络扩散的竞争驱动导向机制，利用 MATLAB2013a 软件绘制而得。

　　两者对比分析可以得到，竞争驱动导向作用在主体创新收益层面和主体协同关系层面，都能产生稳定的激励作用。无论是创新收益维度还是协同关系维度，竞争驱动导向对少量具有领先水平的作用主体具有较大程度的驱动效应，多主体协同的整体驱动效果最为明显。这是因为竞争优势能提升竞争水平较强主体的创新能力，网络扩散行为又能发挥这些主体的引领作用和示范效应，通过市场导向行为和网络扩散过程双向互动形成的驱动力。通过 DT＝200 期的仿真周期可以看出，主体创新收益层面的网络创新绩效仍呈现增长趋势，主体协同关系层面的网络创新绩效已经实现低位向高位的稳态跃迁，主体创新收益层面的推动效果相对于主体协同关系层面的推动效果存在较为明显的滞后。

## 6.4.3　职能协同导向多主体协同的影响

　　在主体创新收益层面：职能协同导向基于多主体间的资源整合和优

势整合，使知识链和技术链实现互动与对接，结合网络扩散过程，提升创新成果转化能力和协同创新效率。K 值为网络平均度，是网络所有主体的度的平均值，可以作为网络主体间合作关系的度量（黄玮强等，2012），主体异质性由网络节点性质（m = 0 或 m = 1）随机分布确定。因此，本书将 K 值作为协同程度系数，衡量职能协同导向作用，取值范围分别设定为 {3，5，7}。职能协同导向多主体协同的影响，见图 6 - 7。由图 6 - 7（a）的模拟结果可以看出，增加网络节点直接关联的主体数量时，有较为明显的网络创新绩效下行趋势，即仿真初期，表现为创新效率的正向推动作用。随着主体职能协同程度的增加、成本与风险增加、合作关系构建及协同行为磨合等阻碍作用逐渐增强，网络整体创新收益出现下行趋势。在触底反弹后，主体职能协同导向的作用优势逐渐明显，网络整体创新收益水平不断提升，并最终达到最大值，呈现高位跃迁的稳态趋势。纵向分析可见，当协同程度从 K5 ~ K3 时，初期的正向推动作用最大，职能协同触底的作用周期最短；当协同程度从 K7 ~ K3 时，初期的正向推动作用居中，职能协同触底的下行程度更大、作用周期更长，但创新收益水平的后期跃迁程度显著；当协同程度从 K7 ~ K5 时，初期的正向推动作用和协同主体磨合后的稳态跃迁水平的位差基本相同，主体职能协同导向的作用优势并不明显。因此，多主体职能协同程度并不是越大越好，具有二次型函数特征，较低水平的主体职能协同，不能充分实现主体职能对接后的优势整合；过多的主体职能协同，会使合作成本与风险大幅提升，对正向推动作用有明显的挤出效应；中等水平的主体职能协同，更有利于发挥多主体协同创新的驱动效应。

在主体协同关系层面：职能协同导向作用带来的网络主体关系变化，体现在网络初始节点间的连边密度和网络结构动态变化两方面。结合关系维度的具体分析，创新动态扩散机制内部嵌入了网络结构动态变化的作用机制。为了和前文统一，选择 K = 3，5，7 的小世界网络模型，作为多主体协同的初始状态展开分析。主体协同关系层面的演化过程，是初始协同关系和动态关系调整综合作用的结果。模拟分析结果如图 6 - 7（b）所示，网络初始状态的节点连边密度基本上对网络整体创新收益不产生影响。结构动态演化对初始网络关系密度的作用效果存在较大的挤出效应，且结构动态演化的影响能力更为显著。根据差异性分析，K5～K3 的差异效果最为明显，基本验证了中等水平的职能协同导向作用，既能满足资源优势互补和主体职能协同，也能规避关系成本与恶性竞争对创新收益的阻碍作用。证实了在动态扩散过程中，职能协同导向作用对多主体协同网络创新绩效具有倒"U"形波动式影响。随着网络结构的动态变化，不同程度职能协同的激励作用在网络结构变化最明显时，呈明显上升趋势，如模拟期 DT = 30～60 期所示。并在网络结构的动态变化达到最大时，出现波峰，随后，职能协同导向作用的影响差异呈逐渐递减趋势，其中，K7～K5 职能协同导向作用的下降趋势最为明显。

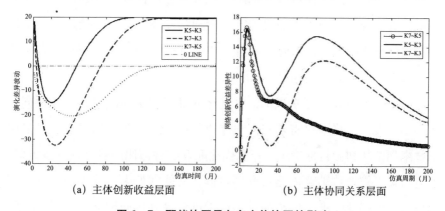

(a) 主体创新收益层面　　　　　(b) 主体协同关系层面

**图 6 - 7　职能协同导向多主体协同的影响**

资料来源：笔者根据多主体协同网络扩散的职能协同导向机制，利用 MATLAB2013a 软件绘制而得。

两者对比分析可以得到，无论是主体创新收益层面还是主体协同关系层面，职能协同导向作用对多主体协同网络创新绩效的影响，从长期来看，都具有相对明显的倒"U"形演化趋势。且两者都在职能协同程度较低时，既能发挥多主体职能协同优势互补与资源流动的驱动效果，又能产生较低的协同关系维护成本与构建成本，对多主体协同网络创新绩效的提升效果最为显著。不同的是，主体协同关系层面在模拟初期，因为职能协同导向作用和结构动态调整的双向推动，所以，多主体协同绩效出现了短暂的大幅提升。但同样因这一双向推动作用的成本较高，在最终实现低位向高位的稳态跃迁时，主体创新收益层面的绩效提升效果更为显著。

# 本章小结

本章基于复杂网络视角，动态分析了市场导向下多主体协同的创新扩散与演化特征，分别具体细化了用户需求导向、竞争驱动导向和职能协同导向在多主体协同过程中的基本原理和作用路径。通过嵌入式展开模拟仿真，既能够避免扩散过程改变造成的动态误差，也能加强外部激励与网络行为的融合，以此实现由"扩散过程"到"网络属性嵌入 + 模型仿真"的跨越。主要结论有以下四点。

（1）少量的用户需求识别，更能充分发挥市场导向对多主体协同创新的驱动效应。将用户需求和多主体协同的创新行为有机结合，既能明确技术创新从初始目标确定、资源优化配置到主体职能对接的基本方向，通过市场需求缺口满足固化目标用户群，又能降低多主体协同过程的试错风险。即强化需求与供给的过程匹配度，提升协同创新的成果转化能力。但过分追求用户需求的满足，会因市场需求的差异性，使技术创新的目标导向过于分散，弱化多主体协同优势整合带来的正向驱动效应。因此，在多主体协同过程中引入用户需求导向时，应侧重于用户需求对于多主体优势集成、多属性链接机制对接的市场反馈作用，避免需求多元化和差异性造成的目标分散，以保证用户需求导向驱动能力的充分发挥。

（2）竞争驱动导向作用与多主体协同的驱动效应，呈现明显的正相关关系。竞争驱动导向作用通过强化网络主体核心竞争优势，结合复杂网络作用平台，充分强调了领先主体的示范效应和辐射效应，提升了网络整体创新收益，对于"推动创新资源的优化配置""借助网络主体竞争产生创新驱动力"有积极的正向推动作用。基于复杂网络的多主体协同竞争驱动导向作用的激励，不仅是单个主体间的竞争行为，而且，表现为主体协同关系基础上的动态竞争，从市场导向的角度诠释了多主体协同创新的基本内涵——竞争与合作。仿真结果显示，竞争驱动导向引入多主体协同过程，网络整体创新收益水平不降反升，竞争驱动导向从低位逐渐上升时，多主体协同网络的创新效率相应提升，且呈现明显的规模报酬递增现象。

（3）职能协同导向与多主体协同创新效率之间，呈"U"形关系。当网络主体间的职能协同程度逐步加深时，多主体协同效率的演化趋势基本上都呈现"正向优势—整体下行—效率回升—稳态跃迁"的特征。职能协同初期，多主体优势整合表现出相应的正向优势；但随着主体职能协同程度的加深，关系成本与合作风险等阻碍了正向优势的发挥；通过主体扩散行为的继续深入，多主体协同的创新效率逐渐由下行触底转化为提升回弹，直到达到新的稳态。在这一动态过程中，职能协同的主体数量与协同程度较低，驱动效应不明显；职能协同的主体数量与协同程度过深，下行与触底的周期越长，稳态跃迁回弹能力越低。由此可见，中等水平的职能协同程度，更有利于发挥职能协同导向对多主体协同行为的驱动效应，也能有效控制职能协同导向对网络整体创新效率带来的负面冲击。

（4）通过市场导向不同维度效果的纵向比较可得，用户需求导向是市场与主体协同结合的直接载体，对于创新效果的提升最佳，且呈现边际效应递减趋势；竞争驱动导向对多主体协同的推动效果次之，具有明显的规模效应；职能协同导向的初始网络密度，对于网络整体创新收益的影响最弱，且网络结构动态调整的职能协同效率要明显大于主体协同初始水平。因此，为了提升多主体协同的创新效率，主体协同外部应重点增加用户需求与主体协同创新目标的匹配性，构建需求激励的拉动作用；而对于主体协同内部应构建多元化的竞争路径与合作路径，可通过网络平台实现各种形式的协同互动。虽然市场导向三个维度的侧重点有所不同，但三者是不可分割的作用体系，结合主体协同网络实现统一。因此，应从整体考虑市场导向的机制构建，以促进网络主体间的深度协作、资源共享与效率提升。

# 第三篇 应用篇

# 第7章 市场导向下国家级高新区多主体协同创新绩效提升机制

国家级高新区作为多主体协同创新的作用载体，通过不断营造完善的创新创业环境，形成不同创新资源有机整合的洼地效应，为充分发挥知识主体的研发优势、形成企业技术创新的孵化机制、完善协同共同体的资源优化配置路径，提供了有力保障。本章以国家级高新区为例，分别从双边匹配、系统动力、网络扩散等角度，重点探讨在实践环节中，多主体协同创新作用机制的表达与特征，验证市场导向对多主体协同创新绩效影响的理论推导，从应用层面细化市场导向与多主体协同创新的作用优势。本章是机理篇在实践层面的延伸与拓展，为前文的理论演绎提供应用视角的现实佐证，以期提升本书理论与实践相结合的研究层次。

## 7.1 国家级高新区发展现状分析

### 7.1.1 国家级高新区发展现状概述

国家级高新区是国家级高新技术产业开发区的简称，对于加强国家战略性新兴产业的整体布局，提升区域多主体协同创新驱动效率，利用知识技术优势推进创新型国家建设，具有重要的现实意义。国家级高新区作为联通区域资源禀赋与战略发展导向的作用平台，通过整合知识主体、技术主体和政策主体的作用优势，形成了多主体协同创新链接机制的动态交互，是培育并完善主体协同机制的有机体。经过 20 多年的发展，目前中国国家级高新区已经发展为 168 个，形成了世界一流高新区、创新型科技园区、创新型特色园区等具有不同作用特点的层次结构。① 《国家级高新区创新能力评价报告（2018）》显示，2017 年国家级高新区地区生产总值达 95171.4 亿元，占 2017 年中国 GDP 比重的 11.5%。从研发投入看，2017 年高新区企业研发投入占全国企业研发投入比例达 45.1%；从创新主体培育看，全国一半以上的孵化器都集中在高新区。2017 年，高新区企业新产品销售收入达 73594.5 亿元，占高新区产品销售收入的比重达 33.3%，技术收入占营业收入的比例从 2000 年的 4.4% 提升至 2017 年的 10.8%。②国家级高新区已经成为具有示范效应和高辐射效应的创新生态加速器。

高新区的基本类型包括：以高校为中心，利用知识高地和特色专业等资源优势，进行市场孵化的大学科技园区；以技术主体为主导，实现高新技术研发和市场转化的技术开发区；以优势产业为中心，实现区域产业战略布局与产业优势集聚的产业园区。不同类型的高新区，通过发挥高校、企业和产业等不同主体的作用优势，构建了创新驱动经济发展的增长极。国家级高新区立足于国家发展的现实需要与技术创新轨道的作用范式，整合了不同类型国家级高新区的资源特征，推动了国家级高新区增长极作用从单一优势到协同优势的动态转型，形成了政府、高校、企业、产业、市场等多元主体一体化的协同共同体。国家级高新区的多主体协同效应体现在，既培育了多主体创新路径的协同机制，又提供了市场导向与技术创新的协同路径。从作用过程和结果导向两个层面，促进了多主体协同创新绩效的效率提升。

关于国家级高新区的概念界定，其发展过程呈现了从区域经济单元、技术创新高地到创新驱动主体不断转变的阶段性。结合国家级高新区阶段发展的时间序列递进现象，周元（2003）指出，国家级高新区是依靠科技创新、实现资源优化配置与推动市场导向作用发挥，形成产业优势

---

① 科技部火炬高技术产业开发中心，中国高新区研究中心.2016 国家高新区创新能力研究报告［R］.北京：科学技术文献出版社，2016.
② 相关数据来自《国家级高新区创新能力评价报告（2018）》，见科技部官方网站，https：// www.most.gov.cn.

集聚的区域单元；经历了"二次创业"的发展阶段过程转换，吕政（2006）提出，国家级高新区是由政府政策和企业市场竞争力双重驱动，结合主导产业结构特征，形成的具有技术创新核心竞争力的区域经济模式。从国家战略层面看，谢子远（2011）将国家级高新区定位为从产业层面、区域层面和企业层面，通过技术创新效率，提升国家自主创新能力，推动创新型国家建设的重要载体。通过高新区不同阶段的职能界定，显示了高新区内部作用与外部环境、不同主体之间的协同特征。结合产业转型和升级的作用渠道，袁航和朱承亮（2018）指出，国家级高新区是以高新技术为支撑，不断改造传统产业、发展新兴产业的重要载体，是通过产业结构高度化和产业结构合理化实现产业结构转型升级的作用渠道。利用共有性结构和制度特征，孙红军和王胜光（2020）将国家级高新区定义为，有效整合创新创业资源并促进资源开放共享的平台，以创新网络链接作用形式，贯穿于从研发设计到检测、测试、标准化再到产业化的整个创新环节。由此可见，实现创新主体和创新驱动链接机制的多维度协同，是国家级高新区发挥作用职能的关键。

国家级高新区通过科技扩散行为，构建了知识主体、技术主体和政策主体的交互式作用优势，形成了具有主体职能对接、系统动态演化、创新网络扩散的创新模式（Chan and Kim，2014）。国家级高新区多主体协同的作用机理体现在：帕尔玛（Pa'lmai，2004）研究表明，高新技术开发区通过投资调整，能够形成企业、政府和教育所有制占比分别为52%、38%和10%的最佳结构模式。江和豪森（Jiang and Hosein，2011）指出，国家级高新区是能够通过多元链接机制互动实现技术变迁，结合协同行为的资源扩散路径实现竞争优势的系统组合。阿莱斯和玛利亚（Alessi and Maria，2015）研究表明，国家级高新区基于技术升级的动态演化，将市场竞争激励和自组织结构优化相结合，形成区域经济的可持续发展优势。结合国家级高新区对价值链动态整合的作用特征，欧光军、杨青和雷霖（2018）指出，国家级高新区能促进构建具有自然和社会双重属性的高技术集群，实现不同层次创新种群价值链的整体性，促进多主体之间的协同联系和资源交换，形成相互依赖、相互补充的整体创新能力。保罗瓦和托马斯（Polova and Thomas，2020）基于组织服务视角指出，国家级高新区能加强系统的开放性和主体协作性，实现市场应用与创新过程的同步性，形成市场服务化的创新绩效提升框架。

高新区通过主体职能联动（张冀新，2013）与知识溢出协同效应（Igor et al.，2011），构建了长期稳定的创新协作关系（蒋同明，2011）。其作用优势表现在：池奚、卡扎宇戈和金（Chih，Kazuyuki and Jong，2009）指出，国家级高新区创新资源投入弹性为0.46，是非国家级高新区区域的9倍；安吉拉、安卓斯和奥莱丽娅（Ángela，Andrés and Aurelia，2016）指出，高新区能够实现社会资源积累的协同性与网络性，可以将创新绩效提升15%～21%。结合中国现阶段经济发展转型的现实需要，国家级高新区的创新驱动职能已经从规模因素向科技要素调整（汪海凤和赵英，2012）。针对这一调整，国家级高新区的动态演化还需要面对如何进一步实现市场定位的功能准确化（王霞等，2014）、主体关联的空间协同化（顾元媛和沈坤荣，2015）等问题，结合国家级高新区对市场作用的敏感性与多主体协同的作用优势，发挥产业路径的自然选择（薛强等，2016），从而实现国家级高新区和高新技术产业创新能力四维度的内部关联性，提高国家级高新区的创新产出能力，提升国家级高新区对高新技术产业的带动能力（张冀新等，2017）。

## 7.1.2 市场导向下国家级高新区协同创新机理分析

市场导向下国家级高新区多主体协同创新的作用机制，见图7-1，可以从国家级高新区多主体协同过程、市场导向的外生激励作用过程、创新绩效实现过程三个方面展开。国家级高新区多主体协同过程可以看成是基于产业、企业、区域等不同层次，以政府为战略导向、高校和科研院所为知识支撑、企业组织为技术主体，实现多元链接机制有效延伸与协同的作用整体。其中，政府通过政策措施形成市场、区域和主体职能的资源整合，充分发挥国家级高新区经济增长极的示范效应和辐射效应，深入推进国家创新驱动发展战略的实施。高校和科研院所作为知识主体，通过产品研发与知识创新形成多学科交叉、多领域融合的知识共享路径。企业通过人力资本转移和知识流动的组织特性，实现基于知识链与技术链对接的技术创新。通过多元主体的有效协同，促进创新主体深度合作、实现产业结构优化调整，构建具有系统性特征和整体性特征的区域战略发展平台。

市场导向的外生激励作用过程，根据市场导向的理论框架，仍从用户需求、竞争驱动和部门协同三个方面展开分析。基于用户需求引导的技术创新协同行为，强调了战略目标与主体协同过程的双向互动，从而确保科技创新活动的前沿性和可行性，以实现技术转化的利润最大化；基于竞争导向的系统竞争优势强化，能健全创新资源整合的系统路径与作用轨迹，优化创新资源在不同主体中的合理配置；基于职能协同的多元链接机制对接，促进主体之间作用职能的交替和叠加，形成与市场接轨的知识共享与资源整合的协同效应，推进技术创新与成果转化。

创新绩效实现过程可以从宏观和微观两个层面展开：从宏观层面来看，国家级高新区基于战略目标和园区禀赋优势，通过企业、政府、金融机构等创新主体的协同交互作用，能充分发挥区域产业与资源优势特点，构建具有可持续增长的创新驱动力，形成促进产业技术升级的创新生态加速器、经济新业态发展的长效机制。从微观层面来看，国家级高新区通过产学研主体在知识链、技术链和政策链对接过程中的协同深化，结合市场导向对主体协同平台的正向影响，推进知识创新与转移，技术突破与升级，推动创新资源优化配置，从而实现创新成果转化并提升创新绩效。

综上所述，本章将通过刻画国家级高新区多主体协同的作用机理，细化市场导向不同维度的作用路径，将两者相结合进行"路径嵌入 + 模型仿真"的分析思路。从作用主体的双边匹配、系统动力特征和创新网络扩散三个作用阶段展开分析，诠释市场导向对国家级高新区多主体协同的影响机制。伴随着电子信息技术的发展以及数字经济平台建设的实践，多主体协同创新过程的作用机理也在发生调整和更新，更多地侧重于大数据、云计算、平台经济等数字化信息手段与主体职能优势的动态协同，深度强化了市场导向对多主体协同创新过程的影响机制和效率提升作用。市场导向下多主体协同创新的数字化转型建设，尽管更符合现实的发现需要，但这一进程更多地体现了数字化手段在多主体协同创新过程中的服务特性，对多主体协同创新作用机理的本质性探索以及市场导向对多主体协同创新绩效提升作用的内涵分析有所弱化。为了将相关研究聚焦于市场导向下多主体协同创新绩效的提升机制，本章国家级高新区的相关数据选择以 2016 年为节点，以此更为直接地描述市场导向下多主体协同创新的作用过程与机理分析。

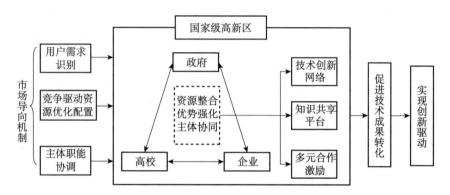

**图 7 – 1   市场导向下国家级高新区多主体协同创新的作用机制**

资料来源：笔者根据市场导向下的作用路径与国家级高新区创新驱动的作用机制绘制而得。

## 7.2   市场导向下国家级高新区多主体协同双边匹配机制

### 7.2.1   国家级高新区多主体协同双边匹配的效率测度

结合总量匹配测算模型，将匹配度定义为三维空间两点之间的距离，即单独作用点在三维空间的能力水平，可以用原点到该点的空间向量表示，由此，两个点之间的能力水平匹配度可以看成是作用点在空间的向量叠加，即用两点之间的距离来衡量（郝生宾和于渤，2011）。假设作用点 1 的能力水平为 $\{C1, C2, C3\}$，作用点 2 的能力水平为 $\{S1, S2, S3\}$，两者的双边匹配度计算可以通过以下公式：

$$matching = \sqrt{\sum_{i=1}^{3} (C_i - S_i)^2} \qquad (7-1)$$

以知识主体和技术主体双边匹配为例，结合格力切斯—伽福（Griliches-Jaffe）知识生产函数，作用主体的创新行为可以分解为人力因子、资本因子和活度因子三个维度。人力因子和资本因子是国家级高新区创新资源投入的主要生产要素。而活度因子是作用主体创新活动的重要体现。结合国家级高新区多主体协同的作用机理，技术主体的活度因子体现了技术行为创新绩效的实现过程，知识主体的活度因子描述了通过知识演化的生命周期以及构建知识链接机制的过程。将知识主体和技术主体沿着三个维度分解，嵌入统一的坐标空间以实现主体协同。利用总量匹配度测算作用主体之间的空间距离，可以得到多主体协同的空间双边匹配度，空间双边匹配度在人力—资本、人力—活度、资本—活度三个平面的投影，就可以得到多主体协同的二维双边匹配度。多主体协同的双边匹配度，如图 7-2 所示。

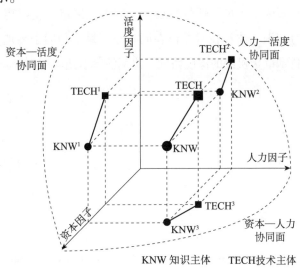

**图 7-2　多主体协同的双边匹配度**

资料来源：笔者结合多主体协同创新过程中不同要素双边匹配的三维构面绘制而得。

2014年国家级高新区创新能力空间分布［以省（区市）为单位］，见图7－3，分别将知识主体和技术主体的创新行为分解为人力因子、资本因子和活度因子三个维度。知识主体的人力因子可以用R&D人力资本投入比例表示，资本因子可以用知识主体科技资金投入比例表示，活度因子可以用综合专利数、论文数和专著数等多方面因素的表征变量表示。将国家级高新区的省（区市）数据沿着这三个维度进行标度时，便可以得到2014年国家级高新区知识能力空间分布，如图7－3（a）所示。由图7－3（a）可以看出，国家级高新区知识主体的作用轨迹表现为沿着资本—人力因子平面中轴线，呈内凹型曲面，逐渐提升知识活度，大部分省（区市）国家级高新区的知识能力主要聚集在三维坐标的中等偏下水平。

技术主体的人力因子可以用技术研发人员水平表示，资本因子可以用技术主体科技活动经费投入比例表示，活度因子可以用技术主体专利水平表示。同理，通过国家级高新区技术主体在三个维度上的坐标标注，便可以得到2014年国家级高新区技术能力空间分布，如图7－3（b）所示。由图7－3（b）可以看出，技术主体的资本和人力的投入能力都保持在中等水平，而活度因子水平呈低位聚集，少数省（区市）高位离散的空间分布特征。通过知识主体和技术主体在同一空间维度的因子叠加，实现知识链接机制和技术链接机制的深度协同，进而测算双边匹配度展开实证分析。

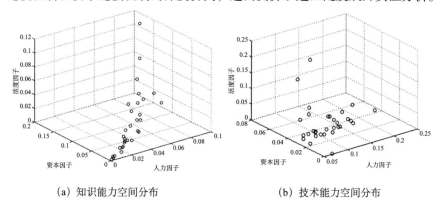

（a）知识能力空间分布　　　　　（b）技术能力空间分布

**图7－3　2014年国家级高新区创新能力空间分布［以省（区市）为单位］**
资料来源：笔者根据国家级高新区多主体协同双边匹配的效率测度，利用Excel软件绘制而得。

## 7.2.2　国家级高新区多主体协同双边匹配的实证分析

考虑到国家级高新区经历了"二次创业"的发展转型阶段，因此，实证分析的数据区间选择 2007～2014 年。本章所使用的数据均来自《中国统计年鉴》《中国火炬统计年鉴》以及《中国高等学校科技统计资料汇编》中对于中国的 30 个省（区、市）的国家级高新区的相关统计数据，主要包括国家级高新区技术收入、中高级职称人数、科技活动经费支出、教学与科研人员数等 21 个变量。结合本章分析需要，从创新绩效、知识主体—技术主体协同的空间匹配度、政策支撑能力、市场导向作用等四个层面构造模型变量。此外，为了消除时间效应的影响，所有数据均以年份为基础，采用占比的形式进行描述，单位统一为%。相关变量的构造过程和基本解释有以下三点。

（1）被解释变量（inno），国家级高新区作为技术创新主体对实现创新驱动发展发挥作用，技术收入不仅能标识国家级高新区技术创新能力，而且，能反映知识主体和技术主体协同的匹配效率，因此，对国家级高新区创新绩效的测度，通过技术收入在总收入中的占比表示。

（2）解释变量，通过国家级高新区层面市场导向对多主体协同匹配效率的分析，主要选取知识主体—技术主体协同的面匹配度、知识主体—技术主体协同的空间匹配度、政策支撑能力、市场导向作用为解释变量。

知识主体—技术主体协同的面匹配度（hum_cap、cap_act、hum_act）：通过空间匹配度在不同平面上的投影，计算主体协同的面匹配度。hum_cap、cap_act、hum_act 分别是人力—资本因子面的匹配度、资本—活度因子面的匹配度和人力—活度因子面的匹配度。其中，在人力层面，知识主体用教育与科研人员数和研究与开发人员数在总人员数中占比的加权平均值表示，技术主体用高新技术企业中高级职称人员数在年末从业人员数中的占比表示；在资本层面，知识主体通过科技经费投入在总投入中的占比进行测度，技术主体通过科技活动中投入经费的人资比例进行测算；在活度层面，知识主体活度利用各省（区市）内论文数、专利数和专著数占比的加权平均值描述，技术主体活度采用专利授权数所占比例描述。通过知识主体和技术主体协同行为在不同因子面上相关测度值的匹配度进行计算得到相关数据。

知识主体—技术主体协同的空间匹配度（knw_tech）：是人力—资本因子面、资本—活度因子面和人力—活度因子面叠加形成的空间匹配度。其计算过程如前文中空间匹配度公式所示，通过知识主体和技术主体以人力因子、资本因子和活度因子为坐标的空间距离表示。

政策支撑能力（gov）：对国家级高新区的政策支撑主要表现在政府部门资金投入和金融政策支持程度两个层面。因此，政策支撑能力利用政府部门资金和贷款量在年度落实资金量中的占比表示。

市场导向作用（mak）：市场导向作用按照本书的基本框架，从用户需求、竞争驱动和职能协同三个层面进行刻画。其中，用户需求用技术合同成交数表示；利用技术成交金额反映各省（区市）国家级高新区的竞争能力，对竞争驱动效应进行描述；职能协同通过输出技术成交金额和吸纳技术成交金额，刻画国家级高新区利用技术输出和技术吸纳实现相互之间的有效协同。通过三个维度相关变量占比的加权平均，刻画市场导向作用。

（3）控制变量，国家级高新区多主体协同的创新能力和区域、高新区内部企业规模有较为密切的关系，故选取区域特征和高新区企业规模作为控制变量。一般情况下，处于东部地区的国家级高新区区位优势与发展基础较强，协同创新效率较高，西部地区发展速度较弱，对国家级高新区协同的创新效率会有一定影响。国家级高新区企业数量可用于刻画技术主体规模，与创新绩效也存在相关关系，鉴于变量量纲的统一，引入国家级高新区企业数占比，记作 enp。

变量描述性统计，如表 7－1 所示，可以看出模型变量的变化特性。

表 7 - 1　　　　　　　　变量描述性统计

| 变量 | 变量名称 | 均值 | 最大值 | 最小值 | 标准差 | 观测值 |
|---|---|---|---|---|---|---|
| inno | 国家级高新区创新绩效 | 4.315 | 34.789 | 0.207 | 5.102 | 240 |
| hum_cap | 人力—资本匹配度 | 9.707 | 19.966 | 1.620 | 3.627 | 240 |

续表

| 变量 | 变量名称 | 均值 | 最大值 | 最小值 | 标准差 | 观测值 |
|------|----------|------|--------|--------|--------|--------|
| hum_act | 人力—活度匹配度 | 10.343 | 24.528 | 0.786 | 3.921 | 240 |
| cap_act | 资本—活度匹配度 | 4.474 | 25.166 | 0.425 | 4.777 | 240 |
| knw_tech | 知识主体与技术主体匹配度 | 10.964 | 25.312 | 2.036 | 4.231 | 240 |
| gov | 政策支撑能力 | 24.395 | 73.437 | 0 | 13.058 | 240 |
| mak | 市场导向作用 | 3.340 | 32.034 | 0.080 | 5.700 | 240 |
| enp | 国家级高新区企业规模数 | 3.186 | 36.110 | 0.043 | 4.702 | 240 |

注：hum_cap、hum_act、cap_act 为知识主体—技术主体协同的二维匹配度，knw_tech 为知识主体—技术主体协同的空间匹配度。

资料来源：笔者根据《中国统计年鉴》《中国火炬统计年鉴》以及《中国高等学校科技统计资料汇编》等的相关数据，进行双边匹配效率测算和统计性分析后整理而得。

为了考察市场导向对国家级高新区多主体协同创新效率的影响，构建混合回归模型：

$$\text{inno}_{i,t} = \alpha_1 \text{mak}_{i,t} + \beta_2 \text{matching}_{i,t} + \nu_3 \text{ctrl}_{i,t} + \rho_i + \theta_i + \varepsilon_{i,t} \qquad (7-2)$$

式（7-2）主要反映了市场导向作用对国家级高新区创新绩效影响的策略。在式（7-2）中，$\text{inno}_{i,t}$ 表示年度省（区市）国家级高新区创新绩效，$\text{mak}_{i,t}$ 为市场导向作用，$\text{matching}_{i,t}$ 为双边匹配性指标，包括人力—资本、资本—活度、人力—活度三个二维匹配度和人力—资本—活度一个空间匹配度，$\text{ctrl}_{i,t}$ 是对创新绩效产生影响的相关控制变量，$\rho_i$ 为区域效应，$\theta_i$ 为时间效应，$\varepsilon_{i,t}$ 为误差项。

市场导向下国家级高新区多主体协同的双边匹配实证分析结果，见表7-2。首先，分析市场导向对国家级高新区创新绩效的影响。从表7-2中的模型1~模型6看出，"mak"系数在1%的显著性水平上为正，即市场导向作用对国家级高新区创新绩效有较为强劲的推动作用，市场导向作用每上升1%，国家级高新区创新绩效平均增长率为0.67%。这说明，将市场导向的外生环境激励引入国家级高新区多主体协同的创新过程，能通过创新资源的市场化组织模式，实现多元链接机制协同效率的提升。其次，分析多主体协同的匹配度对国家级高新区创新绩效的影响。如模型2和模型6所示，人力—资本因子协同面的双边匹配度与国家级高新区创新绩效呈显著正相关关系。这说明，多主体协同在人力层面和资本层面的双边匹配情况，有利于实现知识主体和技术主体的职能对接，提升国家级高新区创新驱动能力。

表7-2　市场导向下国家级高新区多主体协同的双边匹配实证分析结果

| 变量 | 模型1 | 模型2 | 模型3 | 模型4 | 模型5 | 模型6 | 模型7 | 模型8 | 模型9 | 模型10 | 模型11 | 模型12 |
|---|---|---|---|---|---|---|---|---|---|---|---|---|
| c | 1.097<br>(1.324) | -1.318<br>(-1.308) | 1.134<br>(1.352) | 0.485<br>(0.435) | 0.572<br>(0.516) | -1.375<br>(-1.034) | -1.669<br>(-1.212) | -0.924<br>(-0.626) | 1.119<br>(1.076) | -1.138<br>(-0.787) | -2.550*<br>(-1.664) | 0.263<br>(0.188) |
| mak | 0.735***<br>(9.774) | 0.611***<br>(6.824) | 0.739***<br>(9.695) | 0.729***<br>(9.638) | 0.720***<br>(9.188) | 0.505***<br>(4.127) | 0.597***<br>(3.610) | 0.405*<br>(1.847) | 0.635***<br>(3.565) | 1.049***<br>(4.800) | 0.663***<br>(2.832) | 0.722***<br>(3.167) |
| hum_cap | | 0.235**<br>(2.490) | | | | 0.451**<br>(2.453) | 0.441**<br>(2.390) | 0.181*<br>(1.701) | | | 0.136<br>(0.611) | |
| cap_act | | | -0.023<br>(-0.307) | | | 0.139<br>(0.929) | 0.128*<br>(0.851) | | -0.061<br>(-0.662) | | 0.155<br>(0.825) | |
| hum_act | | | | 0.057<br>(0.821) | | -0.249<br>(-1.364) | -0.223<br>(-1.120) | | | | 0.182<br>(0.786) | |
| knw_tech | | | | | 0.049<br>(0.712) | | | | | | | 0.048<br>(0.561) |
| gov | | | | | | 0.017<br>(0.793) | 0.027<br>(1.099) | 0.016<br>(0.776) | 0.017<br>(0.802) | 0.022<br>(1.042) | 0.024<br>(1.134) | 0.018<br>(0.851) |
| enp | -0.274***<br>(-2.773) | -0.196*<br>(-1.911) | -0.263**<br>(-2.501) | -0.282***<br>(-2.838) | -0.280***<br>(-2.821) | -0.147<br>(-1.325) | -0.135<br>(-1.206) | -0.186*<br>(-1.804) | -0.248**<br>(-2.690) | -0.245**<br>(-2.418) | -0.101<br>(-0.912) | -0.272***<br>(-2.712) |
| knw_tech | | | | | | | -0.006<br>(-0.828) | | | | | |
| mak×gov | | | | | | | | 0.014*<br>(1.042) | | | | |
| mak×hum_cap | | | | | | | | | | | 0.059***<br>(2.433) | |

续表

| 变量 | 模型 1 | 模型 2 | 模型 3 | 模型 4 | 模型 5 | 模型 6 | 模型 7 | 模型 8 | 模型 9 | 模型 10 | 模型 11 | 模型 12 |
|---|---|---|---|---|---|---|---|---|---|---|---|---|
| mak×cap_act | | | | | | | | | 0.007<br>(0.666) | | -0.001<br>(-0.035) | |
| mak×hum_act | | | | | | | | | | -0.028<br>(-1.546) | -0.086***<br>(3.216) | |
| year | 控制 | 控制 | 控制 | 控制 | 控制 | 控制 | 控制 | 控制 | 控制 | 控制 | 控制 | 控制 |
| area | 控制 | 控制 | 控制 | 控制 | 控制 | 控制 | 控制 | 控制 | 控制 | 控制 | 控制 | 控制 |
| $R^2$ | 0.394 | 0.409 | 0.394 | 0.395 | 0.395 | 0.416 | 0.418 | 0.414 | 0.397 | 0.403 | 0.443 | 0.397 |
| $\Delta R^2$ | 0.381 | 0.394 | 0.378 | 0.380 | 0.379 | 0.393 | 0.393 | 0.394 | 0.376 | 0.383 | 0.413 | 0.376 |
| F 值 | 30.377*** | 26.911*** | 25.232*** | 25.39*** | 25.345*** | 18.238*** | 16.461*** | 20.387*** | 19.016*** | 19.527*** | 15.039*** | 19.000*** |
| N | 240 | 240 | 240 | 240 | 240 | 240 | 240 | 240 | 240 | 240 | 240 | 240 |

注：***、**、* 分别表示在 10%、5% 和 1% 的显著性水平上显著，括号中的值为估计值的标准误。

资料来源：笔者结合市场导向对国家级高新区多主体协同创新效率影响的模型构建，利用 Eviews 软件分析、整理而得。

　　除了分析市场导向和多主体协同的匹配对国家级高新区创新绩效的影响外，还需要对市场导向和多主体协同匹配度的交互关系对国家级高新区创新绩效的影响展开分析，即市场导向作用提升，主体双边匹配度对国家级高新区创新能力将产生怎样的影响。基于此，构建如下混合回归模型：

$$\mathrm{inno}_{i,t} = \alpha_1 \mathrm{mak}_{i,t} + \beta_2 \mathrm{matching}_{i,t} + \varphi_3 \mathrm{matching}_{i,t} \times \mathrm{mak}_{i,t}$$
$$+ \nu_3 \mathrm{ctrl}_{i,t} + \rho_i + \theta_i + \varepsilon_{i,t} \qquad (7-3)$$

　　式（7-3）反映了市场导向和多主体协同匹配度的交互关系，对国家级高新区创新绩效的影响。通过表7-2的回归结果可以看出：模型8、模型9和模型10显示在二维因子协同面内，随着市场导向作用的增加，知识主体和技术主体在人力层面和资本层面的双边匹配，对国家级高新区创新绩效的推动作用逐渐加强。模型11显示，将3个二维因子协同面同时考虑时，人力层面—资本层面的匹配度对市场导向的创新绩效激励作用有所加强，而资本层面—活度层面的匹配度对市场导向的创新绩效激励作用有所弱化。这说明，在市场导向作用下，国家级高新区知识主体和技术主体在人力层面和资本层面能实现有效匹配，主体协同的匹配度与市场激励能形成双向互动，实现国家级高新区的创新驱动能力，而人力层面—活度层面的匹配情况有待进一步提升。模型12显示，市场导向与主体协同空间匹配的交互作用能促进国家级高新区创新绩效的提升，但效果不显著。

# 7.3　市场导向下国家级高新区多主体协同系统动力机制

## 7.3.1　国家级高新区多主体协同系统动力模型构建

　　国家级高新区作为多主体协同的技术创新加速体，通过多元主体的作用关系与反馈路径，实现了主体职能协同、优势互补和资源共享的系统作用。同时，国家级高新区作为国家创新系统的重要组成部分，能实现战略导向和市场导向共同作用的杠杆作用。因此，结合国家级高新区明确的主体作用边界和显著的系统作用特征，可以利用系统动力学模型对市场导向下国家级高新区多主体协同的作用机制进行演化趋势的模拟仿真分析。本章通过 2007～2014 年国家级高新区实现"二次创业"发展阶段转化后的相关数据（均来源于《火炬统计年鉴》），国家级高新区多主体协同创新动力模型，见图 7 - 4，通过共演过程分析和因果关系分析，刻画多元链接机制对接的作用路径，结合模型构建、模型检验与仿真分析，以期为提升国家级高新区创新绩效提供支撑。

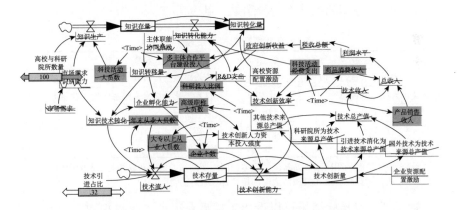

**图 7 - 4　国家级高新区多主体协同创新动力模型**

注：带有阴影的变量是利用实际数据进行填充，部分变量通过系统模型对实际数据进行拟合获得，穿过图中文字的线表示该变量的变化趋势，并不表示删除。

资料来源：笔者结合国家级高新区多主体协同创新的作用机理，利用 VENSIM-PLE 软件绘制而得。

　　基于前面分析，国家级高新区多主体协同的系统动力模型应具有五个假设：（1）国家级高新区是通过知识链、技术链和政策链对接的多主体协同平台；（2）高校与科研院所作为知识主体，其知识势能明显高于其他主体，通过知识缺口实现知识转移与扩散；（3）政府作为政策主体，通过创新资源配置实现战略导向和市场导向的双向作用；（4）企业通过知识技术转化，实现技术创新过程的创新绩效，具有技术主体职能；（5）国家级高新区创新绩效的表征变量，采用技术收入和技术创新效率表示，其中，技术创新效率的计算公式为技术收入／（R&D 支出＋科研活动经费）。[①]

在本章建立的国家级高新区多主体协同的系统动力学模型中，存在 4 个水平变量（L）、4 个速率变量（R）、27 个辅助变量（A）、2 个参数常量（C），共涉及 37 个作用变量，可划分为两种数据结构，实际数据嵌入和系统模拟数据。实际数据嵌入共有 7 个变量，系统模拟数据共有 10 个变量。借助 VENSIM-PLE 软件，通过系统作用路径构建与函数嵌入，可以实现模型运行。将模拟得到的 10 个变量和实际数据进行拟合分析（以拟合优度 $R^2$ 计算），可以对模型是否反映了研究主体的真实情况进行检验，系统动力模型的拟合度检验结果，见表 7-3。

表 7-3 系统动力模型的拟合度检验结果

| 变量 | $R^2$ | 变量 | $R^2$ |
| --- | --- | --- | --- |
| 国外技术为技术来源总产值（亿元） | 0.936 | 其他技术来源总产值（亿元） | 0.972 |
| 科研院所为技术来源总产值（亿元） | 0.916 | 引进技术消化为技术来源总产值（亿元） | 0.880 |
| 技术收入（亿元） | 0.985 | 总收入（亿元） | 0.946 |
| 利润水平（亿元） | 0.852 | 税收总额（亿元） | 0.831 |
| R&D 经费支出（亿元） | 0.822 | 技术创新效率（%） | 0.729 |

资料来源：笔者利用国家级高新区多主体协同创新的动力模型获取相关变量的模拟值和拟合优度计算公式，测算真实值和模拟值之间的拟合性后整理而得。

通过拟合度检验结果可以看出，模型获得的系统模拟数据与相关变量的实际数据拟合度均在 0.800 以上，基本上可以判断该系统模型能反映国家级高新区多主体协同的作用机理，具有实际分析效力。主要值得强调的是，其中，技术创新效率（%）的拟合度仅为 0.729[②]，其数据量纲为 0.01，微小的模拟数据偏差也会产生较大的数据波动，该拟合度基本上满足了模型检验要求，同时，也证明了该模型的精确性。本章选择技术收入和技术创新效率作为国家级高新区多主体协同效率的表征变量，其模拟值和真实值无论在作用趋势上还是演化特性上都与真实值存在双

---

① 参照谢子远在《国家级高新区技术创新效率影响因素研究》中对创新效率的描述，技术创新效率＝技术收入／（R&D 支出＋科研活动经费）。

② 利润和税收的函数关系借助年实际数值占比平均值表示。

向平行特点，模型检验，如图 7-5 所示。

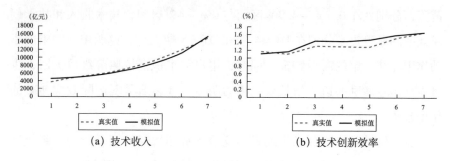

（a）技术收入　　　　　　　　　　（b）技术创新效率

**图 7-5　模型检验**

资料来源：笔者利用国家级高新区多主体协同创新的动力模型获取相关变量的模拟值，与相关变量的真实值进行对比，利用 Excel 软件绘制而得。

在国家级高新区多主体协同的系统动力学模型中，模拟环境的设置数据将模拟期设为 10 年，DT = 1 年，其中，知识存量初始值为 200，技术存量初始值为 100，单位统一为量（unit），涉及费用投入与费用支出的变量单位统一为亿元。对于市场导向作用路径的刻画结合理论定义，从用户需求、竞争驱动和主体职能协同三个层面展开。将市场导向激励嵌入国家级高新区多主体协同的系统模型中，通过输出特性调整进行模拟仿真。

## 7.3.2　国家级高新区多主体协同系统动力仿真分析

市场导向对国家级高新区多主体协同的影响，见图 7-6。通过满足一定阈值的需求信号识别，对多主体协同的技术创新能力产生正向激励。在系统模型中，将需求信号的识别阈值设为 0，用户需求的函数表达可以通过围绕 0 刻线上下波动的随机波动函数刻画，故而采用随机波动函数在 [-1，1] 区间，从五个作用区间分别反映"完全不需求"到"完全需求"的层次。通过用户需求输入特性的调整，分析国家级高新区多主体协同行为对市场需求信号（五个级别[①]）的响应。如图 7-6（a）

---

① 五个级别与相应字母的含义为：VL-very low、L-low、B-basic level、H-high、VH-very high，分别与附录中市场导向路径函数中的 N = {1，3，5，7，9} 相对应。

所示：市场导向的用户需求识别维度对技术收入与技术创新效率的提升范围，分别处在 0.1% ~4.9% 区间与 0% ~4% 区间，技术收入和技术创新效率的显著提升分别在 DT = 4 期和 DT = 5 期以后，说明用户需求的驱动作用存在一定的滞后特征。同时，用户需求识别按照等级放大时，少量需求信息激励的边际增长效应最为明显，且逐渐呈现边际效应递减的作用趋势。

竞争驱动是将资源优化配置和竞争优势相协同的驱动能力，系统动力模型中表现为创新资源配置过程和创新绩效增长率相同步。因此，关于竞争驱动的系统动力函数，利用以年度创新绩效增长率为基础的高校资源配置激励和企业资源配置激励表示。通过以上两个激励作用，按照统一五个等级的系统设置调整输出特性，进行敏感性分析。模拟仿真结果显示，如图 7-6（b）所示：竞争驱动维度对技术收入和技术创新效率都有非常显著的提升作用，其中，技术创新效率更为明显，在 DT = 2 期以后，就呈现明显增长趋势，而技术收入在 DT = 4 期以后，驱动效应也逐渐增强。竞争驱动对技术收入和技术创新效率的提升范围，分别为 11% ~35% 与 10.5% ~30.3%。增长敏感度呈现明显的边际增长特性。

职能协同与多主体协同的关系最密切，职能协同通过市场导向作用对国家级高新区产生协同激励，多主体协同通过对市场导向作用的响应实现协同。职能协同导向通过主体协同激励对国家级高新区多主体协同效率产生系统作用，因此，在系统动力模型中通过对主体协同激励的输出效应进行等级放大，然后，进行敏感性分析。模拟仿真结果可以看出，如图 7-6（c）所示：主体职能协同维度对于技术收入与技术创新效率的提升比率区间分别为 3.5% ~5.8% 和 3.3% ~5.5%，且技术创新效率对职能协同的激励作用更敏感，在 DT = 3 期以后呈现明显的提升趋势，但技术收入对职能协同的激励作用提升范围更大，在 DT = 5 期以后呈现显著的提升现象。职能协同对技术收入和技术创新效率的提升都呈现阶段性，即初期提升效果明显但后期具有规模报酬特征。

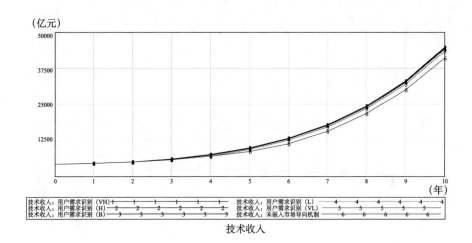

技术收入

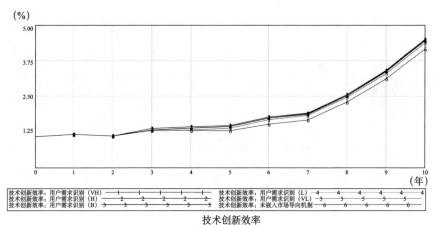

技术创新效率

（a）需求识别维度

（亿元）

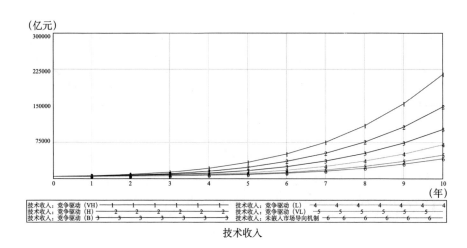

技术收入

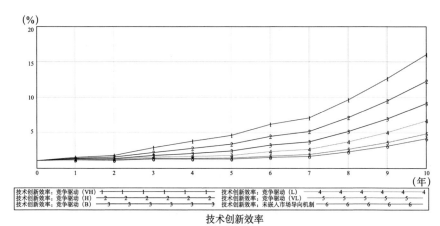

技术创新效率

（b）竞争驱动维度

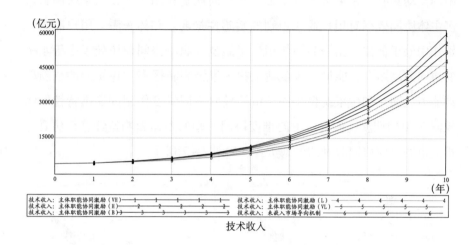

技术收入

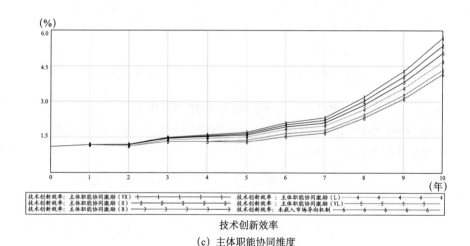

技术创新效率

（c）主体职能协同维度

**图 7-6　市场导向对国家级高新区多主体协同的影响**

资料来源：笔者通过对国家级高新区多主体协同创新动力模型的仿真分析，利用 VENSIM-PLE 软件绘制而得。

纵向对比而言，竞争驱动充分发挥了多主体协同过程中的作用主体优势，因此，正向提升效应更为明显，主体职能协同与多元主体链接机制的互动具有正相关关系且最强，其正向激励作用次之，国家级高新区多主体协同效率对用户需求识别的敏感性最弱。整体来看，用户需求识别作用处于低位、竞争驱动作用处于高位，职能协同作用处于中等水平的协同激励组合，能最大限度地发挥国家级高新区多主体协同的创新驱动能力。通过利用系统模型中，市场导向不同维度作用的输出特性等级控制 N 值的调整，实现对不同维度协同激励的整体影响特性进行仿真分析。市场导向协同激励的模型仿真，如图 7-7 所示。

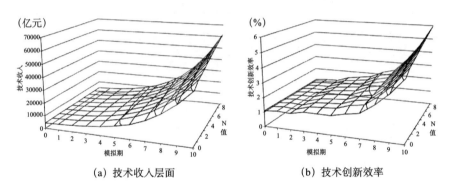

（a）技术收入层面　　　　　　（b）技术创新效率

**图 7-7　市场导向协同激励的模型仿真**

资料来源：笔者通过对国家级高新区多主体协同创新的动力模型的仿真分析，获取相关变量的模拟值，利用 Excel 软件绘制而得。

在图 7-7（a）中，技术收入层面：市场导向对国家级高新区多主体协同的作用过程存在长期而稳定的驱动效应，对技术收入的平均增长率为 2%。协同激励的整体作用呈现出明显的阶段性：模拟初期的正向提升幅度非常显著，增长率峰值约为 10%。当 DT=3 期以后，增长率出现了 2%~4% 的波动调整，模拟后期市场导向对多主体协同行为的影响，基本上实现了低稳态向高稳态的跃迁，正向激励效力基本上保持稳定并出现下降趋势，增长率波动区间为 1.82%~2.06%。协同激励的整体作用在系统模型中存在明显的滞后性，即在 N=7~8、DT=7 期以后，国家级高新区多主体协同的创新绩效的增加最为显著。

在图 7-7（b）中，技术创新效率层面：增长率变化趋势基本上与技术收入变化趋势保持一致，平均增长率为 2%。对比而言，在市场导向机制嵌入初期，对于技术创新效率提升时间较长，在 DT = 3~6 期时，用户需求识别所带来的增长效应也相应有所延长，在 1.76%~3.73% 区间波动。模拟后期，市场导向对技术增长效率提升比率处于 16.9%~18.6% 区间，出现小幅下降趋势。

## 7.4 市场导向下国家级高新区多主体协同网络扩散机制

### 7.4.1 国家级高新区多主体协同网络效应测度分析

复杂网络分析法可利用节点空间结构与网络动态属性，基于聚集效应和主体相互关系的自组织特性等，分析研究主体的非线性动力演化过程，是集成了物理学优势、统计学优势和社会学优势的综合研究方法。国家级高新区作为国家创新系统的重要组成部分，呈现出多主体协同的创新驱动网络特性，具有高度的复杂性。通过区位优势、节点对接和创新输出等方式，形成空间溢出的协同效应。因此，复杂网络分析法与多主体协同的作用机制和演化特性，具有很好的契合性。本节通过复杂网络分析法，对基于市场导向的国家级高新区多主体协同的网络扩散机制展开分析。

国家级高新区协同效应是指，以高新技术开发区为单位，通过国家级高新区之间的相互作用与相互联系，在全国范围内实现产业联动、区域互动、资源流动，充分发挥创新经济增长极辐射效应和示范效应的总和。要刻画国家级高新区多主体协同的作用机理，要充分挖掘国家级高新区的相互关系，本书将协同关系概括为创新资源输出特性和区位分布优势两个方面。创新资源的输出特性，主要体现为国家级高新区通过技术合作进行资本流动的行为，即资源输入效率越高，与其他国家级高新区的协同效应越强。区位分布优势是基于协同效应与空间范围的正相关性形成的领域互动，即相邻省（区市）的国家级高新区之间的协同合作程度更深。结合创新资源的输出情况和区位分布，诠释国家级高新区的复杂网络空间协同特性。

空间分布溢出效应是结合特定区域的分布情况，利用主体的空间溢出特性反映不同区域之间的相关程度（孙玉涛、刘凤朝和徐茜，2011），其计算公式如式（7-4）所示。本书选择空间分布溢出效率作为多主体协同度的表征变量，即国家级高新区基于空间分布的溢出效应（创新输出特性）越明显，其与其他高新区之间的协同效应越显著。

$$I = \frac{n}{\sum\limits_{i=1}^{n} \sum\limits_{j=1}^{n} \omega_{ij}} \times \frac{\sum\limits_{i=1}^{n} \sum\limits_{j=1}^{n} (x_i - \bar{x})(x_j - \bar{x})}{\sum\limits_{i=1}^{n} (x_i - \bar{x})^2}, \quad 其中, \bar{x} = \frac{1}{n} \sum\limits_{i=1}^{n} x_i$$

$$(7-4)^①$$

在式（7-4）中，$\omega_{ij}$为空间权重矩阵的元素，当为相邻区域时取值为1，不相邻区域时取值为0，从而构成一个$n \times n$维的矩阵。

本节对于国家级高新区协同度的计算，是在空间分布溢出效应的基础上加以调整，构造空间协同度函数，其计算公式见式（7-5）。$I_{ij}$为空间协同度，表示第 i 区域的国家级高新区与第 j 区域的国家级高新区之间的协同关系。$\omega_{ij}$为区域分布区位溢出因子，表示第 i 区域的国家级高新区和第 j 区域的国家级高新区最短毗邻关系对创新输出特性的增益程度，$\omega_{ij}$与区域之间的空间距离呈反比，即空间毗邻距离越大，则区域溢出因子越小，$\omega_{ij}$的取值范围在 [0，1] 闭区间内。

$$I_{ij} = \omega_{ij} \times \frac{(x_i - \bar{x})(x_j - \bar{x})}{(x_i - \bar{x})^2}, \quad 其中, \bar{x} = \frac{1}{n} \sum\limits_{i=1}^{n} x_i \qquad (7-5)$$

$$\omega_{ij} = \frac{1}{d_{ij}} \qquad (7-6)$$

① 结合《中国高技术产业空间分布效应演变实证研究》中的 Moran's I 指数，来反映邻近区域单元在主体属性中的相似性。

结合国家级高新区多主体协同效应的测度变量（空间协同度）的基本界定，选取以省（区市）为单位的国家级高新区输出技术合同数（个）和输出技术成交金额（亿元）作为创新资源输出特性的度量，省（区市）范围内国家级高新区的高技术企业数（个）作为国家级高新区创新驱动能力的度量，三者共同作用得到国家级高新区的空间协同度。相关数据均来自2015 年《中国火炬统计年鉴》，以中国的 30 个省（区市）为样本，将相关数据代入式（7－2）、式（7－3）中，能够形成国家级高新区空间协同度的作用矩阵 $I_1$、矩阵 $I_2$、矩阵 $I_3$（分别表示输出技术合同数、输出技术成交金额、高技术企业数的空间协同度）。假设输出技术合同数、输出技术成交金额、高技术企业数边际增长率相等，通过加权平均，最终得到的国家级高新区空间协同度，计算公式如下：

$$I = \frac{1}{3} \sum_{i=1}^{3} I_i \qquad (7-7)$$

### 7.4.2　国家级高新区市场导向作用路径测度分析

市场导向作用是用户需求、竞争驱动和职能协同共同作用形成的外生环境驱动效应。通过将市场导向不同维度的驱动效应嵌入国家级高新区多主体协同的网络扩散机制中，分析市场导向在网络扩散过程中的影响机制。其中，用户需求和竞争驱动是根据市场需求和主体竞争优势形成协同创新效率的提升作用。结合国家级高新区多主体协同的网络扩散效应，以第 i 个国家级高新区为例，市场需求度越高，其他国家级高新区（≠i）与第 i 个高新区的协同度越高；第 i 个国家级高新区的竞争优势越强，对于其他国家级高新区（≠i）的示范效应和辐射效应越强，即两者都可以通过对多主体空间协同度的增益性来表示。其中，增益性的大小与省（区市）范围内国家级高新区空间协同度排名成正比，即排名越靠前，对空间协同度的增益特性越明显。因此，来自用户需求维度和竞争驱动维度的市场导向作用可以通过式（7－8）计算：

$$I_{ij} = \left(1 + \frac{I_{ij}}{\max I_{ij}}\right) \times I_{ij}, \quad 其中, i,j = \{1,2,3,\cdots,n\} \qquad (7-8)$$

职能协同是协同主体实现资源共享、职能对接和优势互补的驱动作用，结合国家级高新区协同的空间网络特征，职能协同作用设定为区位溢出因子的增益性，职能协同与空间区位分布优势成正比，即空间区域分布的紧密度越近，越易于发挥职能协同的导向作用。同理，职能协同的增益性大小与省（区市）范围内区域分布区位溢出因子排名成正比，以第 i 个国家级高新区为例，区位溢出因子排名越靠前，越有利于借助区位毗邻优势实现职能协同。因此，职能协同的市场导向作用，可以通过式（7-9）计算：

$$\omega'_{ij} = (1 + \frac{\omega_{ij}}{\max\omega_{ij}}) \times \omega_{ij}, \quad 其中, i,j = \{1,2,3,\cdots,n\} \quad (7-9)$$

### 7.4.3 国家级高新区多主体协同网络扩散的演化分析

结合国家级高新区多主体协同效应测度，通过计算国家级高新区空间协同度矩阵，利用 Ucinet 对国家级高新区的网络空间效应展开分析。将市场导向的激励作用嵌入国家级高新区协同过程，研究市场导向下多主体协同的网络扩散机制，其主要结论如下：

网络节点中心度表示网络中节点位于网络中心的程度。网络节点的中心度越高，该节点的外部协同效应更明显，创新资源通过该节点进行网络辐射和网络扩散的网络距离最短，在网络中的位置越重要。网络节点重要度，表示了网络中节点实现整体联通的重要性。网络节点的重要度越高，网络整体联动时经过该节点的频率越大，该节点在实现网络整体协同效应中的作用越重要。通过国家级高新区空间协同效应的相关测度，利用 Ucinet 社会网络分析平台绘制了国家级高新区协同网络空间分布情况。国家级高新区协同网络空间分布，如图 7-8 所示。

在国家级高新区协同网络空间分布中，如图 7-8（a）所示，北京市、天津市、上海市、广东省、江苏省、浙江省及湖北省的网络中心度最为明显，即这些省（市）中的国家级高新区对于全国高新区的协同辐射效应最强，这些省（市）中的国家级高新区的创新驱动效应能以最短的时间和网络距离在全国范围内扩散。如图 7-8（b）所示，陕西省、山东省、安徽省、辽宁省、四川省和青海省的网络重要度最为明显，即这些省的国家级高新区对实现创新驱动作用的整体协同具有重要意义。通过陕西省和青海省面向西部、以安徽省协同中部，通过辽宁省和山东省贯穿东南沿海和东北地区，其网络联通路径密度最大，充分证明国家级高新区以点实现全面辐射的创新驱动效应。

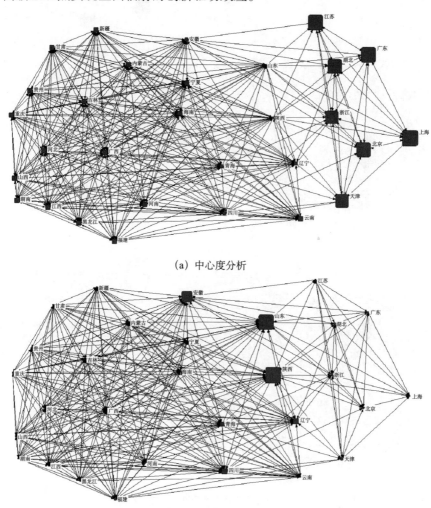

(a) 中心度分析

(b) 重要度分析

**图7-8　国家级高新区协同网络空间分布**

资料来源：笔者结合国家级高新区多主体协同网络空间分布，利用 Ucinet 软件绘制而得。

　　对于市场导向下多主体协同的网络扩散机制分析，先通过市场导向作用，从空间协同度因子和区位溢出因子两个维度，嵌入国家级高新区协同网络中，观察其产生的影响。通过计算可得国家级高新区空间协同度矩阵，市场导向下多主体协同网络扩散机制，如图 7 - 9 所示。

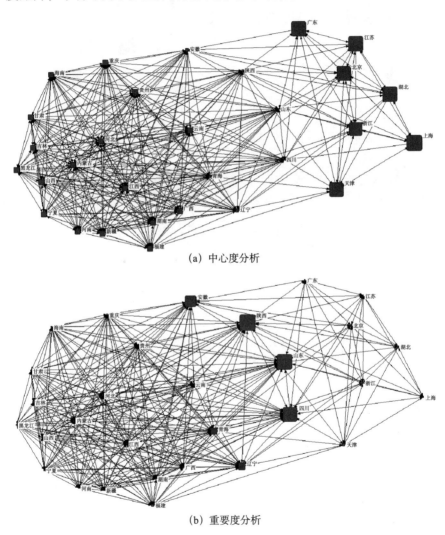

(a) 中心度分析

(b) 重要度分析

**图 7 - 9　市场导向下多主体协同网络扩散机制**

资料来源：笔者结合国家级高新区多主体协同网络扩散机制，利用 Ucinet 软件绘制而得。

如图 7 - 9（a）所示，北京市、天津市、上海市、广东省、江苏省、浙江省以及湖北省七个省（市）依旧是网络中心度最为明显的地区，但从网络连接密度上可以看出，网络整体节点连边密度相对于未嵌入市场导向时的网络结构略有提升。由此可见，市场导向作用的嵌入并没有减弱核心区域在国家级高新区协同网络中的核心优势，通过网络连通情况提升国家级高新区网络协同效应。如图 7 - 9（b）所示，虽然依然是陕西省、山东省、安徽省、辽宁省、四川省和青海省的网络重要度最明显，但嵌入市场导向作用以后，四川省和青海省在国家级高新区协同网络中的连通密度有所提升，从分析结果上看，西部地区对市场导向作用更为敏感，且有利于实现西北地区、西南地区的区域协同互动。故而，市场导向作用能从国家级高新区的区域辐射层面和整体联动层面，提升国家级高新区之间的协同效应。通过对比分析市场导向作用嵌入前后网络密度和中心度因子的变化，可以得出，市场导向影响效应的对比分析，如表 7 - 4 所示。

表 7 - 4　　　　　　　　市场导向影响效应的对比分析

| 项目 | 未嵌入市场导向作用 | 嵌入市场导向作用 |
|---|---|---|
| 网络密度<br>Density（matrix average） | 0. 5966<br>（Standard deviation = 0. 4906） | 0. 6046<br>（Standard deviation = 0. 4889） |
| 中心度因子<br>Network Centralization Index | 8. 61%<br>（Standard deviation = 21. 370） | 6. 61%<br>（Standard deviation = 19. 408） |

资料来源：笔者结合国家级高新区多主体协同的网络空间特征，利用 Ucinet 软件整理绘制而得。

通过市场导向对国家级高新区协同效应影响的对比分析可以看出，嵌入市场导向作用的网络密度为 0. 6046，明显高于未嵌入市场导向作用的网络密度 0. 5966。可见，市场导向作用能有效地促进国家级高新区之间的协同程度，提升国家级高新区之间的有效联系频次，增加网络的整体协同度，而且，网络协同对各国家级高新区所产生的反向协同影响越来越明显。通过中心度分析可以看出，市场导向作用对网络中心化程度的影响有所降低，从未嵌入市场导向作用的 8. 61% 下降到嵌入市场导向作用的 6.61%。可见，市场导向作用对国家级高新区协同网络中处于中心位置的国家级高新区重要程度的影响有所弱化，但平衡了各个国家级高新区创新资源的获取能力和网络整体协同效应的影响能力，从而更有利于实现国家级高新区协同网络的平衡发展。

# 本章小结

本章基于多主体协同的双边匹配、系统动力和网络扩散的理论进行分析，引入国家级高新区作用平台，分析了市场导向下国家级高新区多主体协同的作用机理，从实践层面阐述了市场导向对多主体协同创新绩效的正向激励作用。结合 2007~2015 年国家级高新区"二次创业"转型以后的实际数据，充分证明了市场导向在中观层面上能够与多主体协同行为形成双向互动，从而提升创新绩效和技术创新的成果转化能力。

国家级高新区多主体协同的双边匹配显示：市场导向作用对国家级高新区多主体协同创新效率促进作用的平均水平为 0.67%，且在市场导向作用下，国家级高新区知识主体和技术主体在人力层面和资本层面的双边匹配与创新绩效之间存在显著的正相关关系。结合 2014 年知识主体和技术主体在人力—资本—活度因子的三维空间分布，国家级高新区在人力层面和资本层面上，基本上能保证资源投入的深度协同，而活度层面的匹配效率还有待进一步提升，即知识主体创新活动并不能充分支撑技术创新的需要，而技术创新行为也缺乏对知识创新的协同反馈。市场导向作为外生环境激励，其与内部主体双边匹配过程的互动，是国家级高新区多主体协同效率的重要保障。构建市场导向对国家级高新区多主体协同的作用路径、加强创新活度在多元链接机制中的匹配性、增强知识和技术成果对接并统一服务于市场需要具有重要意义。结合国家级高新区经济增长极作用在经济发展转型中的战略需要，知识主体和技术主体都基于市场导向挖掘创新点，有利于发挥不同链接机制对接的匹配优势，从而既实现主体职能匹配的双边满意度最大化，又能使主体协同行为构建符合市场需要的竞争优势。

　　国家级高新区多主体协同的系统作用显示：市场导向的协同激励，对于国家级高新区技术收入和技术创新效率的平均增长率分别为 2% ~ 4% 和 2% 。用户需求不仅能激活基于需求导向的反馈效应，通过加大技术创新与市场导向作用的协同互动，提升创新成果与市场需求的匹配度，而且，证明了少量水平的用户需求激励，既能充分发挥用户需求对技术创新能力推动的作用优势，也能避免市场目标多元化对协同竞争优势的弱化现象。竞争驱动通过资源优化配置，使国家级高新区多主体协同的技术收入和技术创新效率提升，具有规模报酬递增特征。目前，中国的国家级高新区内部竞争机制与竞争优势的结合度相对不足，通过竞争驱动和职能协同来诠释协同创新的理论内涵——竞争与合作，在构建创新驱动效应方面还存在较大的提升空间。职能协同通过主体资源整合和深度共享的激励作用，实现多元链接机制的自组织优化特性，并基于创新扩散过程充分发挥国家级高新区的示范和辐射效应，充分强调了"1 + 1 + 1 > 3"协同模式中" + "作用。用户需求、竞争驱动和职能协同共同作用，充分体现了市场导向与中国技术创新方式协同化转型的紧密结合，为发挥市场导向对国家级高新区创新绩效的提升，提供了基本保障。

　　国家级高新区多主体协同的网络扩散显示：国家级高新区网络协同效应主要表现在创新资源的输出特性和区位溢出效应两个层面。嵌入市场导向作用的国家级高新区协同网络，在保持原有核心省（区市）国家级高新区的强辐射带动效应和整体联动效应的同时，使国家级高新区之间的连接密度略有提升。通过复杂网络特性可以看出：首先，市场导向对国家级高新区协同网络的网络密度提升较为明显，说明市场导向作用能优化国家级高新区在省域层面的连接紧密度，形成了国家级高新区个体联系密度与网络整体协同之间的双向互动；其次，市场导向对平衡国家级高新区协同网络的整体发展具有显著的调节作用，从整体角度减少国家级高新区对创新资源获取能力的差异性，提升个体对网络整体协同效率的影响能力；最后，市场导向对重要度较大的国家级高新区具有明显的强化作用，通过提升国家级高新区在协同网络中的区域联动密度，显著优化网络整体协同效率。研究表明，中国西部地区对市场导向作用相对敏感，通过市场导向能够加速西北地区和西南地区的区域协同互动，以陕西省、山东省、安徽省、辽宁省、四川省和青海省六省为窗口，实现以国家级高新区为经济增长极的网络整体协同创新驱动力。

# 第8章　主要研究结论、政策建议及研究展望

市场导向作为多主体协同外生环境的重要组成部分，通过供给侧与需求侧的双向协同，与技术创新成果转化能力和创新绩效提升息息相关。本书旨在分析市场导向下，多主体协同中观层面的理论拓展，结合多主体协同从主体职能匹配、系统对接和网络扩散过程的研究框架，展开模拟仿真分析。以国家级高新区多主体协同平台为例，测算了市场导向对多主体协同创新绩效提升的实践价值。综合前面各章的总体分析，本章对基于市场导向的多主体协同创新绩效提升机制的主要结论进行述评，结合相关结论提出政策建议，进行研究展望。

## 8.1　主要研究结论

（1）市场导向在中观层面的理论拓展，与多主体协同具有显著的互动效应。

市场导向在企业技术创新活动的 NS 量表，详细地提出了市场导向的作用维度：用户需求、竞争驱动和职能协同，而多主体协同创新理论强调竞争与合作的内涵。将市场导向结合多主体协同层面对 NS 量表体系进行延伸，可以实现市场导向在中观层面的理论拓展。

用户需求维度通过市场需求空间价值与多主体协同创新价值的匹配性、市场需求导向与多主体协同行为资源组合的有机联系，产生驱动效

应。用户需求信息识别能对多主体协同效率产生正向激励，但需求信息的过度识别反而会因为需求差异性与多样性，弱化多主体协同的创新能力。竞争驱动维度充分诠释了竞争优势与资源配置效率双向反馈的驱动能力，这种双向协同效应既涉及基于竞争优势的主体选择与匹配，又为多主体协同竞争优势得以强化提供优化路径。竞争驱动的资源优化路径虽然能通过竞争优势强弱构建资源配置路径，但多主体协同的链接机制又能通过协同效应充分发挥领先主体的示范作用和辐射作用，整体提升创新效率。职能协同维度较好地呼应了多主体协同中的资源集成与优势互补，强调了基于主体职能链接机制延伸与互动的导向作用，提供了关系维度下创新收益与协同成本均衡分析的研究基础。

（2）多主体协同是双边匹配、系统作用和网络扩散行为动态演化的作用集合。

多主体协同是通过多元主体的优势集成、职能互补和资源共享，以提升技术创新效率的重要模式，涉及多元链接机制作用路径的联系与反馈，具有鲜明的动态演化特征和自组织特性。本书基于协同行为的形成过程，从两个作用主体之间双边匹配决策行为、异质主体之间形成具有闭合回路特征的系统作用以及多个同质主体和异质主体有效协同的创新网络扩散过程三个阶段，提出了多主体协同的分析框架。即从点对点成线、线连线成面、面接面成网的研究思路，阐述了多主体协同在不同阶段的作用特征。

其中，双边匹配可以抽象为创新资源在不同主体之间流动，实现供需关系的满意度最大化问题，通过双向满意度的提升与优化提升主体之间的协同深度。系统作用是不同主体间作用路径和反馈路径共同作用、实现职能协同的整体表现，是部分职能相加在整体层面的一次集成。网络扩散是多个同质主体和异质主体与多元链接机制协同与互动的创新扩散过程，是多主体协同行为在更宏观层面的表现形式。这一分析范式不仅从部分到整体充分分析了协同行为的形成过程与作用特点，而且，为市场导向作用在多主体协同行为不同作用阶段的嵌入提供了从微观层面到宏观层面的分析基础。

（3）市场导向下多主体协同的双边匹配，与作用主体的满意度存在明显正相关关系。

市场导向能对两两主体协同关系的建立，产生明显的外部正向激励作用。主体协同的双边匹配是以创新资源供给方和创新资源需求方的主体评价信息为基础，结合满意度最大化配对，构建主体协同关系。市场导向作用通过主体职能匹配的撮合机制，具有信息显性化流动、双边满意度评价、提升匹配组合效力等作用优势。在实现双边满意度优化的同时，促进了双边匹配过程从原有的合作模式向更深层的协同模式转化，大幅度提升了多主体的协同效率。

通过集成用户需求的主体匹配过程，能有效提升双边匹配满意度，形成以成果转化为目标的撮合作用，实现协同链接机制构建的最优匹配。竞争驱动通过协同主体在创新资源供求关系中的双边评价，实现竞争优势在对接信息中的显性化，结合相匹配的资源配置路径提升匹配效率。职能协同导向作用与提升满意度的双边匹配组合数正相关，衡量了基于优化决策的双边匹配能力，从而提升了作用主体之间协同匹配的整体效率。用户需求、竞争驱动、职能协同三者共同作用，不但促进多主体协同第一阶段的双边匹配效率，增强了两个主体协同关系和整体协同行为的动态互动，而且，形成了外生环境作用与内部协同过程的协调一致，以发挥多主体协同的自组织优化特性，为技术成果转化能力的提升提供支撑。

（4）将市场导向作用嵌入多主体协同的系统过程，能产生创新绩效大幅提升的作用趋势。

结合市场导向作用不同维度的作用路径，通过反馈机制嵌入多主体协同行为系统时，能产生多元反馈效应从而提升技术创新成果转化能力，包括市场需求对战略导向的反馈、技术与知识的反向反馈以及创新收益分配合理化反馈。通过模拟仿真表明，多主体协同的作用路径能实现主体职能对接、资源共享和优势集成，市场导向的反馈路径能产生有利于主体协同优势发挥的正向激励，显著提升创新绩效。

市场需求对战略导向的反馈是结合用户需求维度，将市场需求刻画成不同等级的随机波动，结合战略导向作用嵌入多主体协同系统中的反馈路径。通过系统有效识别市场需求的波动信息，将市场有效需求与多主体协同的系统动力特性相结合，提升创新成果转化能力。技术与知识的反向反馈是结合职能协同维度从知识转移与实践应用的角度构建的反馈路径。能结合知识与技术对接过程，使技术主体对知识主体的知识演化形成基于实践的引导，从而推动知识流动效率。创新收益分配合理化反馈是结合竞争驱动维度，构建收益分配与竞争优势相协同的反馈路径。能形成资本资源优化配置路径，结合协同主体的系统作用，构建动态过程与资本流动的协同互动，从过程和结果两个方向形成系统协同效应。

（5）基于市场导向的多主体协同网络扩散行为，通过内外部共同作用提升协同效率。

基于市场导向的多主体协同网络扩散行为，结合主体创新收益和主体关系结构的作用维度，刻画了市场导向对多主体协同创新绩效的提升机制。多主体协同行为最显著的作用特征，是构建了多元链接机制共同作用的资源流动路径。而市场导向作用不但从收益层面使主体协同的创新绩效实现从低稳态向高稳态跃迁的自组织演化趋势，而且，能从网络结构的动态调整来优化多主体协同关系。将多主体协同与市场导向两者有机结合，既能将市场层面的外生环境激励引入多主体协同过程，又能产生协同行为对市场导向作用的即时响应，从而对多主体协同的技术创新能力产生正向推动作用。

基于市场导向作用的多主体协同网络扩散行为的演化特征表现为：少量用户需求识别更有利于领先主体获得超额利润，通过协同网络扩散效应提升整体创新能力，更有利于发挥市场导向作用对多主体协同创新的驱动效应；竞争驱动导向能充分实现资源配置与主体竞争优势的联系，与多主体协同的创新效率存在明显正相关关系。职能协同导向与多主体协同的创新效率呈"U"形关系，且中等水平的职能协同激励，既能最大化职能协同带来的正向推动优势，又能有效避免协同关系构建与维护的高成本，对多主体协同的创新效率提升最为显著。

## 8.2　政策建议

中国现阶段实现创新驱动发展战略有效实施的政策制定，需要重点解决两个方面的问题：其一，如何通过构建多主体优势集成和职能互补的协同路径，在提升技术创新能力的同时，发挥创新驱动的作用效率。多主体协同既强调了不同链接机制通过不同主体的延伸与对接，形成更深层次的协同效应，也是部分加总形成"1 + 1 + 1 > 3"整体创新驱动能力的基本保障。其二，如何通过需求侧和供给侧双向协同，充分发挥基于市场拉动效应的创新驱动力。构建基于市场导向作用的技术创新路径，不但能使技术创新活动服务于市场需求价值，提升创新绩效和成果转化能力，而且，能够通过市场需求引导技术创新的发展方向，实现技术突破并占领技术制高点。根据本书的主要结论和政策制定的重大需求，将提出以下四点政策建议，以期为创新驱动发展战略的政策制定和实施提供支撑。

第一，完善职能深度对接的多主体协同创新模式。在中国目前的情境下，多主体协同行为对创新绩效的提升、创新成果的转化存在双重意义。一方面，多主体合作模式对创新绩效的正向推动作用已相对明显，贡献度相对显著，既验证了主体职能协同和优势集成的创新模式，也有利于提升技术创新驱动能力的发挥。通过互动与协调的主体职能互补，对实现创新效用的最大化具有重要的现实意义。另一方面，多主体合作模式已无法满足现阶段中国创新驱动发展战略转型的需要。更多领域的交叉融合、更多区域的协同联动、更多链接机制的有效互动，对多主体协同结合外生环境激励在深度上和广度上提出新的需求。多主体协同作为深化主体互动、学科互通和供求拉动的作用载体，结合市场需求反馈，加强主体职能协同的有效度，利用知识流动与技术扩散、资源配置和战略导向，实现多主体协同行为的内部系统和外部环境的交流纽带，缩短技术创新的作用周期并弱化主体协同的边界壁垒，都是多主体协同实现创新发展的重要途径。

第二，构建市场导向作用的多主体协同路径。在中国目前推动创新驱动发展的战略转型过程中，成果转化能力是多主体协同效果的表征变量，对创新驱动作用发挥与创新绩效提升具有重要意义。市场导向作用从市场需求层面，通过外生环境激励充分强调了成果转化的重要性。将市场导向作用嵌入多主体协同过程，形成以成果转化为核心目标的技术创新过程，更有利于集成多主体职能的作用优势，从用户需求、竞争驱动和职能协同的作用维度，形成与多主体协同行为的双向互动。通过加强知识链、技术链、资本链、政策链之间的深度互动，拉近技术创新成果与市场化大规模生产要求的差距，形成多元动态反馈路径，提升资源流动、组织与配给的针对性。同时，通过高校与企业、政府之间的协同互动，形成学科建设服务技术创新、产业政策撬动科技资源、技术攻坚促进产业升级、发展战略引领市场方向的协同梯度，借助来自市场层面的拉动效应，大幅提升创新绩效。

第三，形成有利于市场导向与多主体协同相结合的政策支撑体系。市场导向是集成市场需求空间与多主体协同的外生激励，多主体协同是基于多元主体职能对接的内部互动，政策体系通过创新资源配置的优化路径，对市场层面的拉动效应与多元链接机制协同相结合的作用效果具有重要作用。集成市场导向的资源配置路径，使多主体协同行为依据需求缺口与潜在方向进行资源整合与优势互补以实现市场价值。通过发展战略充分挖掘多主体协同技术创新成果的应用价值，构建良性竞争的资源优化配置路径，实现竞争优势的效用最大化，结合政策体系的普及和扩散，提升技术创新成果的市场推广力。同时，政策体系构建还需要充分体现基于协同关系的反馈调节作用。例如，本书发现，通过调整高校、企业创新资本配比使创新资本向知识主体流动，企业作为技术主体的主要代表，其创新绩效水平反而显著提升。可见，通过创新政策实现作用主体资源需求偏好的效用最大化时，能产生创新绩效的双向提升。

第四，健全优化市场导向作用的技术创新管理体制。管理体制是规范多主体职能行为的作用准则，有关部门的政策措施对于营造有利于多主体协同的技术创新环境、完善市场导向对资源配置的决定作用具有现实意义。通过健全市场导向的技术创新管理体制，丰富主体行为的评价标准，积极推动作用主体的市场活动参与度，从而优化市场导向对多主体协同的正向激励作用。例如，对知识主体（高校和科研院所）的评价测度，不局限于教学活动和科研成果产出，而要涉及商业活动的参与情况与市场收益创造。另外，构建与多主体协同相适应的管理体制，促进多主体职能的对接与互动，从而提升创新成果转化能力。设计主体职能协同的补偿机制，减少关系维度成本对协同行为的影响，增加多元主体共同参与的创新活动资金支持力度，塑造有利于多主体协同的技术创新氛围，以提升协同创新成果的适用性与应用性。

## 8.3　研究展望

本书主要以"市场导向作用对多主体协同创新绩效的影响效应"为中心展开分析，细化市场导向的用户需求、竞争驱动和职能协同的作用维度，构建多主体协同从双边匹配、系统作用和网络扩散的分析层次，并将市场导向与多主体协同有机结合，利用模拟仿真分析了市场导向对多主体协同形成创新绩效的提升机制。理论层面上，对市场导向在多主体协同的中观层面进行理论拓展，对多主体协同行为从形成阶段进行动态演化与趋势分析；实践层面上，提出了基于市场导向的多主体协同创新模式与创新路径，对提升创新绩效、技术创新成果转化能力提供政策建议。但本书还存在较大的提升空间，针对相关内容的研究不足，可在以下两个层面继续充实：

（1）市场导向不同维度作用机理的集成化探讨。市场导向的不同作用维度，各自既有所侧重，又是深度集成的作用整体。根据 NS 量表的作用内涵，在横向分析维度方面，用户需求侧重于市场需求空间对资源组织模式的引导，竞争驱动则强调了竞争者对市场技术与进入壁垒的竞争效应，职能协同体现了各要素单元形成整体化的作用过程。而在纵向分析维度方面，市场导向作用可以看成是目标层面的市场分析和竞争者对于市场份额的占有情况进行资源组织和职能协同，从而提高技术创新能力。本书仅基于横向分析维度，分别从双边匹配、系统作用和网络扩散的多主体协同行为，对不同维度市场导向的影响效应进行模拟仿真。后期可以就市场导向各维度之间的相互关系进行进一步探讨，从纵向分析维度对"市场导向对多主体协同行为的影响机制"展开分析。

（2）结合实际调研的内容分析，还有待进一步充实。本书主要从理论层面展开研究，结合多主体协同对市场导向概念从中观层面进行延伸。就市场导向对多主体协同的作用机制研究，结合多主体协同行为形成的不同阶段，通过模拟仿真进行理论层面的初步探讨。虽然结合国家级高新区这一多主体协同平台对理论探讨的实践应用有所涉及，但资料来源为相关统计年鉴的二手数据。最好能结合本书内容，对不同职能主体从市场导向层面设计多主体协同的分析量表，通过实地调研进行动态跟踪，在获得更有针对性数据体系的基础上，将本书的理论分析与实践情况相结合。后续研究可以沿此思路进一步充实。

# 参考文献

［1］曹霞，刘国巍．资源配置导向下产学研合作创新网络协同演化路径［J］．系统管理学报，2015，24（5）：769－777.

［2］曹霞，张路蓬．利益驱动对创新网络合作行为演化的影响机理及仿真——基于复杂网络拓扑结构视角［J］．运筹与管理，2015（6）：160－169.

［3］陈红喜．基于三螺旋理论的政产学研合作模式与机制研究［J］．科技进步与对策，2009（24）：6－8.

［4］陈劲，阳银娟．协同创新的理论基础与内涵［J］．科学学研究，2012，30（2）：161－164.

［5］陈力田，许庆瑞，吴志岩．战略构想、创新搜寻与技术创新能力演化——基于系统动力学的理论建模与仿真研究［J］．系统工程理论与实践，2014，34（7）：1705－1719.

［6］陈希，樊治平．双边匹配决策的研究现状与展望［J］．管理评论，2012（1）：169－176.

［7］陈希．双边匹配决策方法研究［D］．沈阳：东北大学，2010.

［8］程跃．科技创新系统多主体协同治理能力动态演化模式研究［J］．广西社会科学，2018（1）：151－155.

［9］仇冬芳，胡正平．我国省域产学研合作效率及效率持续性——基于省域面板数据和 DEA-Malmquist 生产率指数法［J］．技术经济，2013，32（12）：82－89.

［10］［美］戴维·罗默．高级宏观经济学［M］．王根蓓，译．上海：上海财经大学出版社，2003.

［11］单海燕，王文平．跨组织知识整合下的创新网络结构分析［J］．中国管理科学，2012（6）：176－184.

［12］杜斌，李斌．市场导向对协同创新绩效的影响机理：基于复杂网络的动静态比较［J］．中国科技论坛，2017（5）：27－34.

［13］杜斌，张治河．技术创新市场导向机制——基于三位一体的系统模型研究［J］．财经科学，2016（5）：123－132.

［14］［美］多恩布什·费希尔·斯塔兹．宏观经济学［M］．范家骧等译．北京：人民大学出版社，2000.

［15］顾元媛，沈坤荣．简单堆积还是创新园地？——考察高新区的创新绩效［J］．科研管理，2015（9）：64－71.

［16］郭明军，于施洋，王建冬，安小米．协同创新视角下数据价值的构建及量化分析［J］．情报理论与实践，2020，43（7）：63－68，87.

［17］郝生宾，于渤．企业技术战略与创新能力的匹配度测算模型及其应用［J］．系统管理学报，2011（6）：710－714.

［18］何郁冰．产学研协同创新的理论模式［J］．科学学研究，2012，30（2）：165－174.

［19］［美］亨利·埃茨科威兹．三螺旋——大学、产业、政府三元一体的创新战略［M］．周春彦，译．北京：东方出版社，2005：8－11，34－55.

［20］胡冬梅，陈维政．双元战略及其实现路径［J］．软科学，2012，26（10）：30－34.

［21］黄桂红，贾仁安．基于动态反馈分析的农产品供应链整合实证研究［J］．系统工程，2008，26（8）：17－21.

［22］黄玮强，庄新田，姚爽．基于创新合作网络的产业集群知识扩散研究［J］．管理科学，2012，25（4）：13－23.

［23］黄晓霞，丁荣贵，于双阳，孙华．多主体协同创新项目治理网络构建——基于欧盟第七框架计划的分析［J］．科学学与科学技术管理，2015（12）：98－108.

［24］贾璐，樊治平，沈凯，徐宝福．知识服务中的供需双边匹配模型［J］．东北大学学报（自然科学版），2011（2）：297－301.

［25］菅利荣．国际典型的产学研协同创新机制研究［J］．高校教育管理，2012，6（5）：6－11，32.

［26］江俊桦，施琴芬，于娱．产学研合作中知识转移的系统动力学建模与仿真［J］．情报科学，2014，32（8）：50－55.

［27］蒋同明．科技园区创新网络结构特征测度的仿真研究［J］．科学学与科学技术管理，2011（1）：78－81.

［28］金惠红，薛希鹏，雷文瑜．产学研协同创新的运行机制探讨［J］.科技管理研究，2015（5）：21－25.

［29］金杨华，潘建林．基于嵌入式开放创新的平台领导与用户创业协同模式——淘宝网案例研究［J］．中国工业经济，2014（2）：148－160.

［30］康健，胡祖光．基于区域产业互动的三螺旋协同创新能力评价研究［J］．科研管理，2014（5）：19－26.

［31］科学技术部创新发展司［R］.科技统计报告，2016，575（3）.

［32］李成龙，刘智跃．产学研耦合互动对创新绩效影响的实证研究［J］．科研管理，2013，34（3）：23－30.

［33］李全升，苏秦．市场导向、迭代式创新与新产品开发［J］．管理学报，2019，16（12）：1790－1799.

［34］李世超，蔺楠．我国产学研合作政策的变迁分析与思考［J］.科学学与科学技术管理，2011，32（11）：21－26.

［35］廖勇海，刘益，贾兴平．基于 Meta 视角的市场导向、产品创新、产品竞争优势与新产品绩效关系研究［J］．研究与发展管理，2015（3）：105－113.

［36］刘春艳，王伟．基于耗散结构理论的产学研协同创新团队知识转移模型与机理研究［J］．情报科学，2016（3）：42－47.

［37］刘世锦．把市场在资源配置中的决定性作用落到实处［J］．经

济研究, 2014 (1): 11 - 14.

[38] 刘思明, 张世瑾, 朱惠东. 国家创新驱动力测度及其经济高质量发展效应研究 [J]. 数量经济技术经济研究, 2019, 36 (4): 3 - 23.

[39] 刘勇, 菅利荣, 赵焕焕, 林益. 基于双重努力的产学研协同创新价值链利润分配模型 [J]. 研究与发展管理, 2015, 27 (1): 24 - 34.

[40] 柳岸. 我国科技成果转化的三螺旋模式研究——以中国科学院为例 [J]. 科学学研究, 2011 (8): 1129 - 1134.

[41] 柳卸林. 技术创新经济学 [M]. 北京: 清华大学出版社, 2014: 117 - 136.

[42] 吕政, 张克俊. 国家高新区阶段转换的界面障碍及破解思路 [J]. 中国工业经济, 2006 (2): 5 - 12.

[43] 潘文安. 关系强度、知识整合能力与供应链知识效率转移研究 [J]. 科研管理, 2012 (1): 147 - 153, 160.

[44] 饶凯, 孟宪飞, Andrea Piccaluga. 政府研发投入对中国大学技术转移合同的影响——基于三螺旋理论的视角 [J]. 科学学与科学技术管理, 2012 (8): 74 - 81.

[45] 任磊, 任明仑. 基于学习与协同效应的云制造任务动态双边匹模型 [J]. 中国管理科学, 2018, 26 (7): 63 - 70.

[46] 沈丽, 石彦. 双边匹配理论及其在金融市场应用的研究综述 [J]. 金融发展研究, 2013 (6): 20 - 23.

[47] 宋晶, 陈菊红, 孙永磊. 双元战略导向对合作创新绩效的影响研究——网络嵌入性的调节作用 [J]. 科学学与科学技术管理. 2014, 35 (6): 102 - 109.

[48] 孙利辉, 崔文田. 创新联盟的一对一动态形成机理研究 [J]. 计算机集成制造系统, 2004 (10): 1296 - 1300.

[49] 孙萍, 张经纬. 市场导向的政产学研用协同创新模型及保障机制研究 [J]. 科技进步与对策, 2014 (16): 17 - 22.

[50] 孙玉涛, 刘凤朝, 徐茜. 中国高技术产业空间分布效应演变实

证研究 [J]. 科研管理, 2011 (11): 37 - 44, 58.

[51] 谭崇台. 发展经济学 [M]. 太原: 山西经济出版社, 2001:
89 - 123.

[52] 涂振洲, 顾新. 基于知识流动的产学研协同创新过程研究
[J]. 科学学研究, 2013, 31 (9): 1381 - 1390.

[53] 汪海凤, 赵英. 我国国家高新区发展的因子聚类分析 [J]. 数
理统计与管理, 2012, 31 (2): 270 - 278.

[54] 王国红, 周建林, 唐丽艳. 小世界特性的创新孵化网络知识转移
模型及仿真研究 [J]. 科学学与科学技术管理, 2014, 35 (5): 53 - 63.

[55] 王霞, 王岩红, 苏林, 郭兵, 王少伟. 国家高新区产城融合度
指标体系的构建及评价——基于因子分析及熵值法 [J]. 科学学与科学
技术管理, 2014 (7): 79 - 88.

[56] 吴贵生, 杨艳, 朱恒源. 产品创新中的战略导向: 基于对已有
研究评述的一个新框架 [J]. 研究与发展管理, 2011, 23 (6): 45 - 54.

[57] 吴洁, 车晓静, 盛永祥, 陈璐, 施琴芬. 基于三方演化博弈的政
产学研协同创新机制研究 [J]. 中国管理科学, 2019, 27 (1): 162 - 173.

[58] 吴卫红, 陈高翔, 张爱美. "政产学研用资" 多元主体协同创
新三三螺旋模式及机理 [J]. 中国科技论坛, 2018 (5): 1 - 10.

[59] 肖丁丁, 朱桂龙. 产学研合作创新效率及其影响因素的实证研
究 [J]. 科研管理, 2013, 34 (1): 12 - 18.

[60] 谢子远. 国家高新区技术创新效率影响因素研究 [J]. 科研管
理, 2011, 32 (11): 52 - 58.

[61] 薛强, 王帅, 王玉茹, 芮雪. 2008 ~ 2012 年国家高新区发展水
平的动态轨迹分析 [J]. 管理学报, 2015 (11): 1654 - 1657, 1664.

[62] 阳银娟, 陈劲. 开放式创新中市场导向对创新绩效的影响研究
[J]. 科研管理, 2015 (3): 103 - 110.

[63] 姚山季, 付彩. 市场导向和创新绩效的关系——一项元分析的
检验 [J]. 南京工业大学学报 (社会科学版), 2020, 19 (2): 100 -

110, 112.

　[64] 张冀新. 国家高新区创新主体结构及运行机理研究 [J]. 经济体制改革, 2013 (1): 93 - 97.

　[65] 张婧, 段艳玲. 市场导向对创新类型和产品创新绩效的影响 [J]. 科研管理, 2011 (5): 68 - 77.

　[66] 张婧, 赵紫锟. 反应型和先动型市场导向对产品创新和经营绩效的影响研究 [J]. 管理学报, 2011 (9): 1378 - 1386.

　[67] 张卫东, 黄春华. 双边匹配理论及其应用研究新进展——对诺贝尔经济学奖获奖成就的进一步阐发 [J]. 经济学动态, 2015 (6): 137 - 147.

　[68] 张卫国. 三螺旋理论下欧洲创业型大学的组织转型及其启示 [J]. 外国教育研究, 2010 (3): 53 - 58.

　[69] 张裕稳, 吴洁, 李鹏, 吴小桔, 周潇. 创新能力视角下基于双边匹配的产学研合作伙伴选择 [J]. 江苏科技大学学报 (自然科学版), 2015 (5): 488 - 495.

　[70] 张治河, 冯陈澄, 李斌, 华瑛. 科技投入对国家创新能力的提升机制研究 [J]. 科研管理, 2014, 35 (4): 149 - 160.

　[71] 赵晓冬, 臧誉琪, 骆严严. 考虑偏好信息的动态双边匹配决策方法 [J]. 计算机工程与应用, 2018, 54 (5): 258 - 264.

　[72] 周凌云, 穆东, 李佳成. 区域物流系统多主体协同内涵与机制 [J]. 综合运输, 2010 (3): 43 - 46.

　[73] 周元, 王维才. 我国高新区阶段发展的理论框架——兼论高新区 "二次创业" 的能力评价 [J]. 经济地理, 2003 (4): 451 - 456.

　[74] 庄涛, 吴洪. 基于专利数据的我国官产学研三螺旋测度研究——兼论政府在产学研合作中的作用 [J]. 管理世界, 2013 (8): 175 - 176.

　[75] 袁航, 朱承亮. 国家高新区推动了中国产业结构转型升级吗 [J]. 中国工业经济, 2018 (8): 60 - 77.

［76］孙红军，王胜光. 创新创业平台对国家高新区全要素生产率增长的作用研究——来自 2012～2017 年 88 个国家高新区关系数据的证据［J］. 科学学与科学技术管理，2020，41（1）：83 - 98.

［77］欧光军，杨青，雷霖. 国家高新区产业集群创新生态能力评价研究［J］. 科研管理，2018，39（8）：63 - 71.

［78］张冀新，胡维丽，程慧平，解佳龙. 国家高新区创新能力转换效应研究［J］. 经济体制改革，2017（6）：73 - 78.

［79］Agostino M. , Philip R. W. Assessing environments of commercialization of innovation for SMEs in the global wine industry: A market dynamics approach［J］. Wine Economics and Policy, 2019, 8（12）: 191 - 202.

［80］Alessio T. , Maria V. C. From the diffusion of innovation to Tech Parks, business incubators as a model of economic development: the case of "sardegna ricerche"［J］. Procedia-Social and Behavioral Sciences, 2015（2）: 494 - 503.

［81］Alexander M. P. , Daniele R. , and Loet L. A triple helix model of medical innovation: Supply, demand, and technological capabilities in terms of Medical Subject Headings［J］. Research Policy, 2016, 45（1）: 666 - 681.

［82］Allred C. R. , Fawcett S. E. , Wallin C. , and Magnan G. M. A dynamic collaboration capability as a source of competitive advantage［J］. Decision Sciences, 2011, 42（1）: 129 - 161.

［83］Ángela R. V. U. , Andrés B. G. , and Aurelia M. R. Science and technology parks and cooperation for innovation: Empirical evidence from Spain［J］. Research Policy, 2016（2）: 137 - 147.

［84］Ashkan E. , Andrea S. On the relation between the small world structure and scientific activities［J］. Australian Meteorological & Oceanographic Journal, 2015, 10（3）: 215 - 231.

［85］Babu J. M. , Jean L. J. , and Kelly D. M. Strategic intent and performance: The role of resource allocation decisions［J］. Journal of Business

Research, 2014, 67 (11): 2393 – 2402.

[86] Chan Y. W. , Kim L. G. Catch-up models of science and technology: A theorization of the Asian experience from bi-logistic growth trajectories [J]. Technological Forecasting & Social Change, 2014 (6): 1 – 16.

[87] Chandran V. G. R. , Sundram V. P. K. , and Santhidran S. Innovation systems in Malaysia: A perspective of university—industry R&D collaboration [J]. Ai & Society, 2014, 29 (3): 435 – 444.

[88] Cheng L. W. , Henry F. L. Ch. The moderating role of managerial ties in market orientation and innovation: An Asian perspective [J]. Journal of Business Research, 2013, 66 (12): 2431 – 2437.

[89] Chih H. , Yang K. M. , Jong R. Ch. Are new technology-based firms located on science parks really more innovative? Evidence from Taiwan [J]. Research Policy, 2009 (2): 77 – 85.

[90] Chung J. Ch. , Jing W. H. How organizational climate and structure affect knowledge management—The social interaction perspective [J]. International Journal of Information Management, 2007, 27 (2): 104 – 118.

[91] Colin C. Ch. , Dennis K. The role of service innovation in the market orientation—new service performance linkage [J]. Technovation, 2012, 32 (7): 487 – 497.

[92] Constantin B. , Tobias S. , and Dominik E. The impact of knowledge transfer and complexity on supply chain flexibility: A knowledge-based view [J]. International Journal of Production Economics, 2014, 147 (1): 307 – 316.

[93] Dassisti M. , Carnimeo L. A small-world methodology of analysis of interchange energy-networks: The European behavior in the economical crisis [J]. Energy Policy, 2013, 63 (12): 887 – 899.

[94] David G. , Nichole G. , and Michael M. The impact of the supplier's market orientation on the customer market orientation performance relationship [J]. International Journal of Production Economics, 2019, 216 (10): 81 – 93.

［95］ Eduardo M. A. Imperfect competition in two-sided matching markets ［J］. Games & Economic Behavior, 2014, 83 (1): 207 – 223.

［96］ Elias G. C., Evangelos G., and Yorgos G. A multilevel and multi-stage efficiency evaluation of innovation systems: A multiobjective DEA approach ［J］. Expert Systems With Applications, 2016, 62 (6): 63 – 80.

［97］ Ernest M., Rosina M. Knowledge flows and the absorptive capacity of regions ［J］. Research Policy, 2015, 44 (5): 833 – 848.

［98］ Eustache M. Efficiency, unused capacity and transmission power as indicators of the Triple Helix of university-industry-government relationships ［J］. Journal of Informetrics, 2014, 8 (1): 284 – 294.

［99］ Faraz Z. Small world networks and clustered small world networks with random connectivity ［J］. Social Network Analysis & Mining, 2013 (3) (1): 51 – 63.

［100］ Fleming L., King Ch., and Juda A. Small worlds and regional innovation ［J］. Organization Science, 2006, 18 (6): 938 – 954.

［101］ Francesc C., Javier O., and Joseph G. P. Deterministic small-world communication networks ［J］. Information Processing Letters, 2000, 76 (11): 83 – 90.

［102］ Grinstein A. The effect of market orientation and its components on innovation consequences: a meta-analysis ［J］. Journal of the Academy of Marketing Science, 2007, 36 (2): 166 – 173.

［103］ Hanny N. N., Felix T. M., Margaret J. M., Nelson O. N. Entrepreneurship: Its relationship with market orientation and learning orientation and as antecedents to innovation and customer value ［J］. Industrial Marketing Management, 2011, 40 (3): 336 – 345.

［104］ Henry E., Andrew W., Christiane G., and Branca R. C. T. The future of the university and the university of the future: evolution of ivory tower to entrepreneurial paradigm [J]. Research Policy, 2000, 29 (2): 313 – 330.

[105] Henry E., Loet L. The dynamics of innovation: from national systems and "Mode 2" to a triple helix of university-industry-government relations [J]. Research Policy, 2000, 29 (2): 109 – 123.

[106] Henry E., Mariza A. Towards "meta-innovation" in Brazil: The evolution of the incubator and the emergence of a triple helix [J]. Research Policy, 2005, 34 (4): 411 – 424.

[107] Henry E. Research groups as "quasi-firms": the invention of the entrepreneurial university [J]. Research Policy, 2003, 32 (1): 109 – 121.

[108] Henry F. L. Ch. Market orientation, guanxi, and business performance [J]. Industrial Marketing Management, 2011, 40 (4): 522 – 533.

[109] Hung Sh. W., Wang A. P. Examining the small world phenomenon in the patent citation network: a case study of the radio frequency identification (RFID) network [J]. Scientometrics, 2010, 82 (1): 121 – 134.

[110] Igor F., Xiaohui L., Jiangyong L., and Mike W. Knowledge spillovers through human mobility across national borders: Evidence from Zhongguancun Science Park in China [J]. Research Policy, 2011, 40 (3): 453 – 462.

[111] Irena V. Triple Helix Model of university-industry-government cooperation in the context of uncertainties [J]. Procedia-Social and Behavioral Sciences, 2015, 213 (x): 1063 – 1067.

[112] Jade Y. L., Haiyang L. In the eyes of the beholder: The effect of participant diversity on perceived merits of collaborative innovations [J]. Research Policy, 2018, 47 (7): 1229 – 1242.

[113] Jeremy H., Fabrice M. A coupled multi-agent microsimulation of social interactions and transportation behavior [J]. Transportation Research Part A: Policy and Practice, 2011, 45 (5): 296 – 309.

［114］ Jiang H. , Hosein M. F. The typology of technology clusters and its evolution—Evidence from the hi-tech industries ［J］. Technological Forecasting and Social Change, 2011 （6）: 945 – 952.

［115］ Joanna S. K. , Axele G. MNEs and FSAs: Network knowledge, strategic orientation and performance ［J］. Journal of World Business, 2015, 50 （1）: 94 – 107.

［116］ Junwei W. , Kairui Ch and Frank L. L. Coordination of multi-agent systems on interacting physical and communication topologies ［J］. Systems & Control Letters, 2017, 100 （2）: 56 – 65.

［117］ Klaus W. Agglomeration in an innovative and differentiated industry with heterogeneous knowledge spillovers ［J］. Journal of Economic Interaction and Coordination, 2007, 2 （1）: 1 – 25.

［118］ Kok R. A. W. , Biemans W. G. Creating a market-oriented product innovation process: A contingency approach ［J］. Technovation, 2009, 29 （8）: 517 – 526.

［119］ Kuen H. T. Collaborative networks and product innovation performance: Toward a contingency perspective ［J］. Research Policy, 2009, 38 （5）: 765 – 778.

［120］ Kumar V. , Eli J. , Rajkumar V. , and Robert P. Le. Is market orientation a source of sustainable competitive advantage or simply the cost of competing? ［J］. Journal of Marketing, 75 （2011）: 16 – 30.

［121］ Leslie L. , Enea P. , and Marco T. Cooperation and community structure in social networks ［J］. Physica A. , 387 （2008）: 955 – 966.

［122］ Liew M. S. , Tengku S. T. N. , and Lim E. S. Enablers in enhancing the relevancy of university-industry collaboration ［J］. Procedia-Social and Behavioral Sciences, 2013, 93 （10）: 1889 – 1896.

［123］ Liu F. , Wang L. , Gao L. , Li H. , Zhao H. , and Men S. K. A Web Service trust evaluation model based on small-world networks ［J］.

Knowledge-Based Systems, 2014, 57 (2): 161 – 167.

[124] Loet L. , Martin M. Triple Helix indicators of knowledge-based innovation systems Introduction to the special issue [J]. Research Policy, 2006, 35 (4): 1441 – 1449.

[125] Malte B. , Monika O. , and Tessa F. Alignment of market orientation and innovation as a success factor: a five-country study [J]. Technology Analysis & Strategic Management, 24 (2012): 151 – 165.

[126] Marco G. , Emilio R. Demand-side vs. supply-side technology policies: Hidden treatment and new empirical evidence on the policy mix [J]. Research Policy, 2015, 44 (3): 726 – 747.

[127] Maribel G. , David U. The impact of Triple Helix agents on entrepreneurial innovations' performance: An inside look at enterprises located in an emerging economy [J]. Technological Forecasting and Social Change, 2016.

[128] Marques J. P. C. , Carac J. M. G. , Diz H. How can university-industry-government interactions change the innovation scenario in Portugal? — the case of the University of Coimbra [J]. Technovation, 2006, 26 (4): 534 – 542.

[129] Myung H. Ch. Technological catch-up and the role of universities [J]. Triple Helix, 2014 (9): 1 – 20.

[130] Narver J. C. , Slater S. F. The effect of a market orientation on business profitability [J]. Journal of Marketing, 1990, 54 (4): 20 – 35.

[131] Nicolas C. , Pascale R. Knowledge flows and the geography of networks: A strategic model of small world formation [J]. Journal of Economic Behavior & Organization, 2009, 71 (8): 414 – 427.

[132] Nola H. D. Research intensity and knowledge transfer activity in UK universities [J]. Research Policy, 2012, 41 (2): 262 – 275.

[133] Nola H. D. The role of proximity in university-business cooperation for innovation [J]. The Journal of Technology Transfer, 2013, 38 (2): 93 – 115.

[134] Oskar V. , Nuria C. From the Triple Helix model to the Global Open Innovation model: A case study based on international cooperation for innovation in dominican republic [J]. Journal of Engineering & Technology Management, 2015, 35 (1 –3): 71 –92.

[135] Ozkaya H. E. , Droge C. , and Hult G. T. M. , Calantone R. , Ozkaya E. Market orientation, knowledge competence, and innovation [J]. International Journal of Research in Marketing, 2015, 32 (3): 309 –318.

[136] Pa'lmai Z. An innovation park in Hungary: Innotech of the Budapest University of Technology and Economics [J]. Technovation, 2004 (5): 421 –432.

[137] Pamela M. Exploring the knowledge filter: How entrepreneurship and university-industry relationships drive economic growth [J]. Research Policy, 2006, 35 (10): 1499 –1508.

[138] Patricia V. H. , Peter N. , and Enno M. From innovation to commercialization through networks and agglomerations: analysis of sources of innovation, innovation capabilities and performance of Dutch SMEs [J]. The Annals of Regional Science, 2013, 50 (4): 425 –452.

[139] Pedro J. , Isabel P. , and Vítor D. C. G. Open innovation: Factors explaining universities as service firm innovation sources [J]. Journal of Business Research, 2013, 66 (10): 2017 –2023.

[140] Polova O. , Thomas C. How to perform collaborative servitization innovation projects: the role of servitization maturity [J]. Industrial Marketing Management, 2020, 90: 231 –251.

[141] Rebeka L. , Damjan K. , and Peter G. Fostering collaboration between universities regarding regional sustainability initiatives—The University of Maribor [J]. Journal of Cleaner Production, 2009, 17 (8): 1143 –1153.

[142] Robin C, Natalia Z. University effects on regional innovation [J]. Research Policy, 2013, 42 (9): 788 –800.

［143］Saeed N. T. , Hossein S. , and Zhaleh N. T. Market orientation, marketing capability, and new product performance: The moderating role of absorptive capacity ［J］. Journal of Business Research, 2016, 69（11）: 5059 – 5064.

［144］Shanting W. , Zhou Zh. , Ginger Y. K. , and Xintong Ch. The more cooperation, the better? Optimizing enterprise cooperative strategy in collaborative innovation networks ［J］. Physica A: Statal Mechanics and its Applications, 2019, 534（11）: 1 – 12.

［145］Smirnova M. , Henneberg S. C. , Ashnai B. , Naude P. , and Mouzas S. Understanding the role of marketing-purchasing collaboration in industrial markets: The case of Russia ［J］. Industrial Marketing Management, 2011, 40（40）: 54 – 64.

［146］Taisia P. , Daria Z. , and Irina E. Changing role of the university in innovation development: New challenges for russian regions ［J］. Procedia-Social and Behavioral Sciences, 2015, 214（12）: 359 – 367.

［147］Tim K. , John S. Are small world networks always best for innovation? ［J］. Innovation Management Policy & Practice, 2010, 12（1）: 75 – 87.

［148］Wang Q. , Zhao X. , and Voss Ch. Customer orientation and innovation: A comparative study of manufacturing and service firms ［J］. International Journal of Production Economics, 2016, 171: 221 – 230.

［149］Yasunori B. , Naohiro Sh. and Silvia R . S. How do collaborations with universities affect firms' innovative performance? The role of "Pasteur scientists" in the advanced materials field ［J］. Research Policy, 2009, 38（1）: 756 – 764.

［150］Yelena V. S. Attitudes of companies in Kazakhstan towards knowledge collaboration with universities ［J］. Procedia-Social and Behavioral Sciences, 2014, 109（3）: 639 – 644.

[151] Yinghong W. , Kwaku A. G. The moderating role of reward systems in the relationship between market orientation and new product performance in China [J]. International Journal of Research in Marketing, 2009, 26 (2): 89 –96.

[152] Zhang J. , Duan Y. The impact of different types of market orientation on product innovation performance evidence from Chinese manufacturers [J]. Management Decision, 2010, 48 (6): 849 –867.

[153] Zifeng Ch. , Jiancheng G. The impact of small world on innovation: an empirical study of 16 countries [J]. Journal of Informetrics, 2010, 4 (1): 97 –106.

# 后　记

多主体协同体现了以供给侧为主线，提升创新效率的作用优势；市场导向以需求侧为核心，强调了内需对经济增长的基础作用。两者相结合，诠释了推动需求与供给到更高水平动态平衡的内涵，契合中国构建国内大循环发展格局的现实需要。本书以市场导向下多主体协同创新绩效的提升机制为立足点，是以本人博士论文的结构框架为基础，加上近些年在技术经济领域的思考与研究，形成的阶段性研究成果。对本人来说，本书具有一定的里程碑意义：回望收到第一篇论文用稿通知的激动和欣慰；回想西安电子科技大学柴建教授、陈希教授，陕西师范大学韩菁教授对本人的点拨和指导；回忆陕西师范大学毕业典礼上程光旭校长拨穗的瞬间；回看沉淀了六年的博士毕业证及学位证；昔日灯下伏案、笔下求真的点点滴滴，皆历历在目。一路走来，本书记录的不但是本人的求学经历，而且，凝聚了本人在科研道路上的喜乐、坚持和期许。

当完成全书写作时，心中最多的还是感激之情。要感谢本人的父母、家人、师长和朋友。感谢一直支持和包容本人的父母和家人，因为你们，本人才得以专心致志于本书的写作；感谢默默帮助过本人的师长，因为你们，本人才得以形成了认真、严谨的学术态度；感谢每当遇到困难时，给予本人关切和鼓励的朋友，因为你们，本人才得以继续前行、笔耕不辍。科研道路上有你们的陪伴，本人将戒骄戒躁，乐观积极，不断进步。现在，本人已成为一名人民教师，将把你们的帮助和祝福永远铭记于心，为更多求学筑梦路上的学子，尽一份光和热。

本人要衷心感谢本人的工作单位——西安财经大学，本书出版获得了 2018 年西安财经大学学术著作出版资助、西安财经大学科研启动资金资助。正是有了本校的资助支持，本人才能得以在原有研究基础上进一步总结梳理，完善并拓展了相关研究。同时，通过钻研和努力，本人于2018年获批西安财经大学科学研究扶持计划资助项目"健全西部地区技术创新的市场导向机制研究"（项目编号：18FCJH03）、2019年获批陕西省教育厅专项科研计划项目"健全陕西省技术创新的市场导向作用机制研究"（19JK0316）、2020年获批陕西省社会科学基金项目"'互联网+'视角下陕西特色农业商业化服务体系的路径设计与机制研究"（项目编号：2020D024）。感谢以上科研项目对本书出版的支持，并作为以上科研项目开展的阶段性成果，支撑本人对该领域的不断探索。另外，本人还要感谢西安财经大学对本人的帮助、感谢经济学院对本人的鼓励、感谢经济系对本人的栽培，本书才得以出版，让本人深刻理解了西安财经大学"博学、明理、立诚、济世"的求索精神，并坚定地在这条路上不惧风雨、砥砺前行。

本书既是对过去研究成果的总结，也是开启新阶段研究工作的基石。回想读博的初衷，本人除了用学术武装头脑、用科研认识世界、用求真实现价值，现在，更多了一份对"路漫漫其修远兮，吾将上下而求索"的领悟和执着。在未来的科研道路上，携书两三卷、随行四五人、同论经世济民，共勉自强不息，又何尝不是一种浮世之中的洒脱和淡然。

李斌　2021年·春

书于秦岭脚下·西安财经大学图书馆